투자,

인문학에서 답을 찾다

투자, 인문학에서 답을 찾다

발행일	2021년 4월 23일			

지은이	김문규			
펴낸이	손형국			
펴낸곳	(주)북랩			
편집인	선일영	편집	정두철, 윤성아, 배진용, 김현아
디자인	이현수, 한수희, 김민하, 김윤주, 허지혜	제작	박기성, 황동현, 구성우, 권태련
마케팅	김회란, 박진관			
출판등록	2004. 12. 1(제2012-000051호)			
주소	서울특별시 금천구 가산디지털 1로 168, 우림라이온스밸리 B동 B113~114호, C동 B101호			
홈페이지	www.book.co.kr			
전화번호	(02)2026-5777	팩스	(02)2026-5747	

ISBN	979-11-6539-689-3 03320 (종이책)	979-11-6539-690-9 05320 (전자책)	

대가에게
배우는
투자의 인문학

투자,
인문학에서
답을 찾다

김문규 지음

가치 투자의 거장 워런 버핏에게
투자의 기초를 배우고,
사기, 중용 등 고전에서
투자에 필요한 인문학적 소양을 익힌다!

북랩 book Lab

소중한 _____님에게 이 책을 드립니다.

작가의 말

───────

지난 15년간 투자를 하면서 느낀 소회와 함께 실패한 투자자의 통렬한 반성을 담은 이 책은 투자자들에게 용기와 힘을 주자는 마음으로 집필되었습니다.

물론 저는 독자분에게 거액의 수익금을 보여주며 "나는 얼마를 벌었다."고 당당하게 말할 수 있을 정도의 투자성과를 내지 못했고, 지금은 대한민국의 공무원으로 평범하게 살아가고 있습니다.

하지만 누구보다 열정적으로 투자를 공부하고 투자에 임하면서 작은 성과와 수없이 많은 실패를 경험하였고 무엇이 잘못되었는가에 대하여 진지하게 성찰하였습니다. 그리고 마음의 평온을 찾고 투자자로서 스스로 다스리고자 2년 전부터 인문학을 탐독하기 시작하였습니다.

저는 전문적으로 인문학을 공부한 경험도 없으므로 전문가의 시야각에서 보면 수박 겉핥기식 얕은 지식으로 독자들에게 그릇된 정보와 인식을 주는 것은 아닌가 하는 두려움도 있었습니다. 하지만 인문학에는 정해진 경계는 없다고 생각합니다. 이 책에는 제가 읽은 몇몇 인문학 책을 바탕으로 투자자들이 알아주었으면 좋을 것 같은 내용을 투자 경험에 비추어 기술하였습니다.

그 지식에는 유명인의 지식이 있을 수 있고 내 주변 누군가가 될 수도 있으며, 살아있는 자의 이야기가 되기도 하지만 이미 세상에 존재하지 않는 이들의 이야기가 되기도 합니다.

단재 신채호 선생께서는 "역사를 잊은 민족에게 미래는 없다."고 하셨습니다. 나라 잃은 경험을 거울삼아 다시는 그러하지 말라는 후대에 대한 피눈물 섞인 절규였다고 생각합니다.

이 책은 어쩌면 투자자로 무수히 실패를 맛본 제가 투자 광풍이 부는 지금 여러분들에게 드리는 나와 같은 실수를 반복하지 말라는 절규이자 자기비판서입니다.

부끄러움을 무릅쓰고 이렇게 책을 집필한 이유는 투자를 시작하였거나 투자에 실패하여 좌절하고 있는 분들이 있다면, 같은 역사를 반복하였거나 이미 한번은 거쳐 간 사람의 반성문을 거울삼이 누군기에게는 실패를 줄여주는 나침반이 되고 누군가에게는 동질감을 바탕으로 다시 일어설 수 있는 용기를 북돋아 주기 위함입니다.

그리고 투자자분들이 투자자로서 성공한 이후의 삶에 대하여도 깊이 생각할 수 있는 책이 되면 좋겠다는 진심 어린 생각으로 이 책을 집필하게 되었습니다.

이 책을 읽는 모든 독자분에게 행운이 깃들길 진심으로 기원합니다.

<u>목차</u>

그럼에도 **투자를 하여야 한다**

우리나라가 투자 열풍이 뜨겁다. '주린이(주식+어린이)'란 주식 초보를 일컫는 신조어다. '동학농민개미'란 현재 시장을 개인이 주도하고 있다는 것으로 과거와 달리 주식 시장을 개인투자자가 주도하고 있다. 2020년 COVID-19가 강타하고 사람들은 움츠러들었고 전 세계는 멈추었다. 하지만 보이지 않는 투자세계는 그 어느 때보다 찬란했고 뜨거웠다.

2020년 12월 대한민국의 KOSPI 지수가 2800을 넘겼을 때 무수히 많은 생각이 뇌리를 스치고 지나갔다.

처음 투자에 임했던 2004년 KOSPI 지수가 몇이었지?

2004년 12월 기준 KOSPI 지수는 850~890 사이 900이 채 되지 않은 지수였다.

그렇다 15년이 지난 지금 살펴보니 KOSPI 지수는 3배가 넘게 상승해 있었다. 아마도 그때 2004년 주식을 공부하던 나에게

2800이란 지수는 어떤 의미였을까? 아마 내가 살아있는 동안 평생 도달하지 못할 수치라 생각하지 않았을까?

그런데 아이러니하다. 그렇게 경기가 좋던 시절에 오르지 못한 종합주가지수가 지금 실물경제가 최악인 이 시점에 전염병으로 인해 국가 간 이동이 통제되는 이 시점에 역사적 최고점을 갱신하고 2021년에도 그 상승이 멈추지 않을 것 같은 생각을 하니 지금까지 주식을 배워온 사람으로서 내가 알고 있던 모든 경제 지식들이 덧없다는 생각이 들었다.

이렇게 15년간 주식시장은 상승하고 있었는데 15년간 투자를 공부하고 투자에 임했다는 나란 녀석은 지금까지 뭘 한 건가?

거대한 망치로 뒤통수를 두들겨 맞는 듯했다.

주변을 살펴봐도 무수히 많은 배가 바다를 건너고자 하였지만 크고 작은 파도에 좌초되고 말았다.

현 목적지에 와보니 내가 몰던 배도 중간중간 좌초되어 제자리걸음하고 있을 뿐이었다.

물론 아무것도 하지 않은 것보다야 나았겠지만…

하지만 정말 그런가? 아무것도 하지 않았음이 나았을 수도 있지 않았을까?

하지만 지금 내가 얻은 유일한 자산이 있다. 그것은 투자를 통해 실패를 반복하였고 내가 몰았던 배는 좌초되고 또 좌초되었지만 포기하지 않았다는 점과 인문학을 공부하고 투자에 접목한 이후로 투자수익률을 떠나서 원칙을 지키고 마음이 편해졌다는 것이다.

그리고 자신감도 얻었다. 그것은 높은 수익을 내겠다는 자신감이 아니다. 결과에 대한 자신감이 아니라 과정을 잘 수행할 수 있겠다는 자신감이 생겼다는 것이다.

진인사대천명(盡人事待天命)[1]이라 하였다.

사람의 힘으로는 도저히 할 수 없는 것이 있다. 투자수익 역시 마찬가지다.

아무리 용쓰고 악을 써도 내 것이 아닌 것은 내 것이 아니다.

이러한 우주의 원리를 깨닫게 된다면 마음이 편안해진다.

마음이 편안해지니 본업에도 충실할 수 있고 대인관계도 원활하게 잘 수행할 수 있다.

과거의 나는 그러지 못했던 것 같다.

그 모든 것이 욕심에서 비롯한 것이겠지만. 나의 투자 이야기는 차차 하기로 하겠다.

하지만 그럼에도 불구하고 왜 우리는 투자를 하여야 하는가? 그것에 대하여는 약간의 설명을 해야 할 것 같다.

먼저 밝히고 싶은 것이 있다. 그것은 이 책에서 "내가 투자에서 실패했으니 여러분은 투자하지 마세요."라는 메시지를 담은 것이 아니다. 물론 투자자의 길이 수행자의 길과 같이 고난의 연속이라고 생각하기에 누군가 투자를 고려하고 있다면 이 책을 읽고 미리 포기하는 것도 나쁘지 않다고 생각한다. 왜냐하면, 투자 말고도 돈을 벌어 부자가 되는 방법은 많고 나 역시 투자 이외 고정수익이 존재하는 평범한 직장인이기 때문이다.

부를 창출하고 축적하는 수많은 방법 중 투자는 일부분에 불과하다. 그래서 투자에 목숨 걸지 말라고 당부하고 싶다.

하지만 기왕지사 투자를 한다면 투자의 본질에 대하여 한번은 깊이 있게 생각하고 성찰해볼 필요성은 있지 않을까?

또는 타인의 실패를 바탕으로 만약 나도 같은 실수를 반복하고 있었는데 그 원인도 몰랐다면 원인을 찾을 수 있는 기회가 되지 않을까? 라는 생각을 하였다.

21세기도 20년이 흘렀다. 우리나라도 이미 지난 40년 전 고도발전 시기를 지나 성숙기 단계로 접어들고 있으며 앞으로는 저성장 기저가 확장될 것으로 예측된다. 물론 우리나라는 언제든지 통일이라는 변수는 존재한다.

저성장 사회의 특징 중 하나가 저금리이다. 왜냐하면, 저성장이라는 단어에는 저투자가 포함되어 있기 때문이다. 아무리 은

행이 금리를 내려도 실물투자가 이뤄지지 않는다. 그래서 저성장이 되는 것이다. 반면 저성장을 기반으로 외형이 없는 투자자산의 가치는 급격하게 상승하게 된다.

부동산은 그나마 외형이 있는 자산이다. 하지만 부동산이 만들어내는 부가가치는 거의 없다. 이런 부동산과 같은 자산이나 이미 발행되어 시장에서 거래되는 주식 등 투자자산의 가치는 계속 오르지만, 실물경제는 정체되는 구간에 대한민국도 이미 진입한 것이다.

주식시장의 확장세가 기업의 투자를 보장하지 않는다. 투자란 돈만 있다고 하는 것이 아니다. 수익이 예상되는 부분에 투자는 이뤄진다. 유례를 찾기 힘든 COVID-19사태 이후 세계는 불확실성으로 실물경제에 대한 투자가 예전보다 더욱 신중해질 것이다. 그리고 고용시장은 더욱 얼어붙을 것이다.

실물경제가 성장하지 않아도 투자자산에 거품이 끼면 경제학자들이 말하는 최악의 상황 스태그플레이션²이 발생할 가능성도 있다. 물론 각자 의견이나 판단은 달리할 수 있다. 같은 통계도 달리 해석할 수 있기 때문이다.

때로는 통계보다 우리 이웃의 이야기 삶의 체험에서 현재를 평가할 수 있어야 한다.

통계상으로는 아직은 디플레이션 상황으로 이에 중앙정부는 공격적으로 금리를 인하하고 있다. 이에 투자자산에 버블이 생기고 있다. 강남에 30평 아파트가 30억원이 넘는다는 소식이 들린다. 불과 1년 전에는 15~20억원 하던 아파트가 말이다. 정부의 부동산 관계자는 이미 부동산가격 폭등의 원인을 저금리로 지적한 사실이 있다. 하지만 금리를 올릴 수 없다. 지금 금리를 올리게 된다면 아직 정상궤도에 오르지 않은 실물경제에 찬물을 끼얹는 격이기 때문이다. 사실 2020년 CPI(소비자 물가지수)가 우리의 체감보다 낮게 나오는 데는 2020년 3월 발생한 국제유가 폭락 사태와 이와 관련하여 원자재 및 에너지 가격 하락의 요인이 크다. 하지만 국제유가 및 원자재 가격은 현재의 저금리 상황에서 급격하게 자본이 이동한다면 언제든지 크게 상승할 수 있다.

이미 전조현상은 나타나고 있다. 2020년 3월 4,600달러대로 바닥을 찍은 국제 구리 가격이 2020년 12월 7,900달러까지 상승하였다. 구리는 전통적으로 경기전망의 바로미터(barometer) 역할을 해왔다. 여러 복합적 요인들이 있겠지만 결국 중국과 미국의 천문학적인 재정확대정책 예고에 따른 반응이면서 2021년 이후 세계경기가 나아질 것이라는 기대감이라 해석할 수 있다.

우리나라의 또 다른 걱정은 CPI에서 가중치를 가장 많이 차지하는 주거주택 전·월세의 폭등이다.

올해부터 부동산에 세금부과액이 높아지면서 전세에서 월세로 전향되는 사례가 폭증하고 있다는 뉴스를 자주 접했다. 지금 같이 전세가 사라지고 월세로 전환되는 과정에서 이자율이 낮다면 월세도 낮을까? 아니라고 생각한다. 월세는 이자율 이전에 건물의 가치에 우선 비례하기 때문이다. 부동산가격이 올라간다면 월세도 오르게 된다. 임차인들은 임대인에게 높아진 세금을 전가해야 하기 때문이다.

2021년 C.P.I.*가 급격하게 상승할 수 있다는 걱정이 생기는 대목이다.

그리고 부동산가격이 상승하게 된다면 부동산을 매입한 입장에서도 비용은 증가하게 된다.

1년 전 시간 5억원 하던 아파트를 3%의 금리로 3억원 대출하여 매입한 A의 월 부담은 30년 만기 원리금 균등 방식으로 상환한다고 볼 때 1,264,812원이다.

하지만 1년이 지난 현시점에서 같은 아파트가 시가 10억원이 되었다면 이야기가 달라진다

금리가 1.5%로 떨어졌다손 치더라도 아파트를 매입하기 위해서는 8억원의 대출이 필요하고 A의 월 부담액 2,760,962원으로

---

* C.P.I. consumer price index.

부담이 훨씬 커지게 된다. 물론 A는 1년 전 5억원이던 아파트를 구매하는 것을 포기하고 현 시세에서 5억원인 아파트를 구매하는 방법이 있다. 이런 경우 삶의 질이 현저하게 떨어질 것은 불 보듯 뻔하다.

즉, 부동산가격 자체가 CPI에 영향을 미치지 않지만, 부동산 가격 상승으로 인해 소비자들의 소비 여력이 떨어진다면 내수 경기 진작을 기대하기 어렵다는 것이다.

물론, 위에서 필자가 하고자 하는 요지는 정책과 관련된 이야기가 아니라 스태그플레이션 사회로 진입할 잠재적 위험요소가 이미 한국에서 나타나고 있다는 현상에 대하여 말하는 것이다.

하지만 저성장 기저가 깔린 상황에서 우리의 임금이 잠재된 인플레이션 위험에 발맞춰 올라가 줄 수 있을까? 지금과 같은 상황에서는 임금상승은커녕 현재 일자리를 유지하는 것도 힘에 겨운 사람들이 대다수일 것이다.

즉, 다수 대중들은 저성장과 고물가의 고통에서 벗어나지 못하고 사회의 부익부 빈익빈 현상은 점점 심화될 것이다. 물론 필자의 생각이 그렇다는 것이다.

다시 한번 말하지만, 명목 인플레이션은 2020년 현시점에서는 디플레이션이 맞다. 하지만 위에 언급한 잠재적 위험요소가 표면화된다면 아마 스태그플레이션 상황에 도래할 수 있지 않을까 하는 개인의 의견이지 이와 다른 의견이 있다고 한다면 그 또한 틀린 주장이 아님을 유념하시기 바란다.

스태그플레이션 상황에서 저축은 아무런 힘을 발휘하지 못한다. 인플레이션이 다수 있더라도 성장률이 낮은 상태에서 금리를 함부로 올리기 어렵기 때문이다. 지금 대한민국이 처한 상황도 이와 마찬가지다. 지금의 저금리 상황에서는 1,200조원이 넘어가는 가계부채를 지탱할 수 있지만, 만약 급격하게 금리를 올려야 하는 상황이 온다면 가계부담은 감당하기 어려울 정도로 늘어나고 금융위기라는 최악의 상황으로 갈 수 있기 때문이다. 그래서 필자는 정부가 최대한 서서히 충격을 완화하는 방향에서 금리를 천천히 인상하면서 저금리 상황은 우리의 생각보다 오래 지속할 것으로 예상한다.

하지만 전 세계적 중앙은행의 저금리 정책과 COVID-19로 인한 정부의 확장정책에 힘입어 어느 순간이 되면 대규모 자금이 이동하면서 인플레이션을 가파르게 상승시킬 위험요소도 있다.

즉, 저금리와 인플레이션이 동시에 발생해서 실질이자율은 마이너스가 되고 나는 저축한 죄로 점점 가난해지는 최악의 상황에 우리는 직면하게 될 것이다.

이러할 때 우리가 저축하기보나, 적질하게 지금리와 인플레에 대한 헷지(hedge)*수단으로 투자 포트폴리오를 짜서 투자하게 된다면 최소한 우리가 점점 가난해지는 상황만은 방지할 수 있다.

즉, 앞으로 최소한 몇 년간 투자는 선택이 아닌 필수가 된다는 것이다.

그렇기에 과거에 투자에 실패했거나 지금까지 잘못된 습관으로 투자에 실패하고 있다고 하더라도 투자를 멈추지 말라고 조언하고 싶다. 그것은 마치 아무런 준비 없이 겨울을 준비하는 베짱이와 같은 행동이기 때문이다.

더불어 이 책은 투자 전문서적이 아님을 다시 한번 강조한다.

단지, 필자의 실패를 토대로 독자들에게 용기를 주고 나와 같은 실수를 줄여 성공적인 투자자가 되기를 바라는 마음에서 저술하게 되었다는 점을 말씀드린다.

그리고 다시 한번 말하지만, 필자는 정치적 중립을 지켜야 하는 공무원으로 지금의 경제 상황을 현재의 정부의 정책과 결부하고 싶은 생각은 추호도 없다. 앞서 말한 이러한 현상은 COVID-19라는 전례 없는 변수와 더불어 2008년 글로벌 경제위기 이후 지속된 확장정책의 연장선으로 필연적으로 도래할 수밖

---

* (손실·위험 따위에 대한) 방지책; 〖商〗 헤지, 연계 매매, 딴 상거래로 한쪽 손실을 막기.

에 없는 부작용이다.

우리는 이미 멈출 수 없는 폭주 기관차에 탑승하고 있다는 이야기하고 싶은 것이다.

배경 길라잡이

가장 쉽게 접근한
워런 버핏 투자기법

이번 장에서는 15년간 수많은 서적을 통해 워런 버핏을 분석한 결과를 통해 도출한 가장 쉽게 접근하는 워런 버핏식 투자를 최대한 초보 투자자들이 이해하기 쉽게 풀어보고자 준비하였다. 물론 이러한 도전은 무모한 도전이다. 이유는 저자는 워런 버핏과 단 한 번도 만나거나 대화를 나눠본 사실이 없다. 이는 저자 스스로 워런 버핏 관련 서적을 읽고 실제로 투자에 적용하면서 도출한 지극히 개인적 의견임을 밝히면서 설명을 시작하겠다.

워런 버핏을 소개한 서적이나 버크서 해서웨이 주주 서한, 주주총회를 통해 워런 버핏은 스스로 자신의 투자는 두 사람의 위대한 스승을 통해 완성되었다고 밝혀왔다. 그 한 명은 실제로 콜럼비아 대학교에서 워런 버핏의 스승이었던 〈현명한 투자자〉의 저자인 벤저민 그레이엄이다. 사실 〈현명한 투자자〉는 벤저민 그레이엄, 데이비드 도드가 1934년 출간한 〈증권 분석〉의 초보자용 버전으로 워런 버핏은 이 책을 통해 대학입시 전에 벤자민 그레이엄을 이미 알고 있던 상황에서 콜럼비아 대학교에 그가 교수로 재직 중이라는 사실만으로 하버드대학 입학을 마다하고 콜럼비아 대학교에 입학하였다고 하니 실로 인생에 지대한 영향을 미친 사람임은 틀림없다. 워런 버핏은 벤저민 그레이엄을 통해 기업의 재무제표를 기반으로 저평가기업에 투자하는 투자방법을 초기투자에 활용하였다.

두 번째 인물은 〈위대한 기업에 투자하라, Common Stocks and Uncommon Profits and Other Writings〉의 저자 필립 피서이다. 실제로 워런 버핏이 이들을 어떻게 만나게 되고 어떠한 도움을 받았는지는 앨리스 슈뢰더 저 〈스노볼, Warren Buffett and the Business of Life〉에 상세하게 나와 있으니 워런 버핏을 더욱 공부하고 싶다면 꼭 한번 읽어보길 권한다.

그럼 워런 버핏이 이들을 통해 어떤 투자방식에 도달하였는지 나름의 방식으로 설명하고자 한다.

1. 기업분석 Ⅰ [기업의 재무제표 파악하기]

워런 버핏은 실제로 벤저민 그레이엄의 투자기법을 땅에 떨어진 담배꽁초를 주워 불을 피워 한 모금 피우는 것이 자주 비유했다. 이는 언뜻 해석하기에 나쁜 의미로 보이지만 실제로는 그렇지 않다. 이는 아무도 관심을 주지 않는 저평가된 기업을 매수하여 저평가가 해소되는 과정까지 기다린다는 의미로 실제로 이러한 투자기법을 통해 젊은 나이에 많은 부를 축적하게 된다.

기업의 재무제표는 오늘날 쉽게 인터넷을 통해 찾아볼 수 있다. 실제로 한국의 모든 상장된 기업들의 재무제표는 금융감독원 전자공시 시스템(www.dart.fss.or.kr)에서 손쉽게 찾아볼 수 있다. 주식시장에 상장된 기업은 다양한 업종으로 구성되어있으며, 업종마다 재무제표가 제공하는 필수정보는 모두 다르다. 특히 제조업과 금융·보험사의 재무제표의 분석방식은 상당히 다르다. 이번 장에서는 가장 쉽고 일반적인 제조기업의 사례로 설명하고자 한다.

재무제표는 전자공시 시스템에서 정기공시를 체크하고 사업보고서, 반기보고서, 분기보고서를 검색하면 보고서를 볼 수 있는데 기업마다 다르겠지만 길게는 20년 동안의 자료를 볼 수 있다. 오늘날 우리는 이렇게 손쉽게 우리는 재무제표를 확인할

수 있다. 이 보고서에는 재무제표뿐 아니라 회사의 개요, 사업
의 내용, 주주에 관한 사항, 임원 및 직원 등에 관한 사항 등 기
업의 세부적인 내용을 함께 확인할 수 있다.

재무에 관한 사항에 보면 요약재무정보, 연결재무제표, 연결
재무제표 주석, 재무제표, 재무제표 주석, 기타 재무에 관상 사
항을 확인할 수 있는데 저자는 보통 연결재무제표와 재무제표
를 함께 분석한다.

연결재무제표과 재무제표의 차이가 궁금하다면 전문적인 교
육기관을 통해 회계를 공부하길 권한다.

1) 재무제표상 기업의 구성

재무제표상 기업은 크게 자본과 부채로 구성되어있다. 자본
은 쉽게 내 돈이고 부채는 남의 돈이다.

자산의 구성 Ⅰ	
자본(순자산)	**부채**
자본금	유동부채
이익잉여금	비유동부채

그리고 자본과 부채를 총칭해서 우리는 자산이라 부른다. 흔

히 자본을 순자산이라 부른다. 자본은 투자금, 주식발행자금과 기업 이익 중 일부를 사내유보하여 생기는 잉여금을 합친 개념이다. 부채는 쉽게 말하면 내 돈이 아닌 모든 자산이다.

기업은 이렇게 자본과 부채를 통해 형성된 자산 중 일부는 현금으로 보유하고 일부는 동산이나 부동산의 형태로 보유하고 회사를 운영한다.

자산의 구성 II	
유동자산	비유동자산

재무제표를 이해하기 어려운 이유 중 하나는 어떤 경우에는 자산을 자본과 부채의 총합으로 평가하고 어떤 경우에는 자산을 유동자산과 비유동자산의 총합으로 평가하기 때문이다. 하지만 가장 쉽게 위 표를 이해한다면 기업의 재무제표를 보는 것이 그리 어려운 것도 아니다.

그리고 기업은 사업을 통해 손익이 발생한다. 이를 손익 계산서에 나타나게 되는데 다음과 같다.

매출의 구성	
매출원가	매출총이익

영업이익의 구성	
당기순이익	비용
영업이익	기타비용
기타이익	법인세

매출 총이익의 구성	
영업이익	판매관리비

순이익 = 영업이익 + 기타이익 - 기타비용 - 법인세

기업이 일정 기간 영업활동을 통해 벌어들인 최종 손익을 우리는 당기순이(손)익이라 부른다. 이렇게 재무제표를 파악하고 난 다음에 이들 자료를 조합한 지표를 분석할 줄 알아야 한다.

주식투자에 입문하면 누구나 한번은 들었을 용어가 있다. 바로 'PER, PBR, ROE'이다. 이는 워런 버핏 투자의 핵심 지표이니 상세하게 살펴보자.

① PER은 price earning ratio로 주가를 주당순이익으로 나눈 지표이다.

주당순이익은 순이익을 회사가 발생한 주식 수로 나누면 구할 수 있다. 28쪽 표의 예로 1년에 10,000원의 순이익을 가진 A 기업이 발행한 총 주식 수량이 100개라면 주당순이익은 100원이 된다. 그렇다면 이 기업의 현재 주가가 1,000원에 거래되고 있다면 이 기업의 PER은 1000/100=10이라는 식을 통해 PER은 10이 나온다. 이건 사실 초등학생 수준의 산수를 알면 누구나 구할 수 있다.

② PBR은 Price Book Value Ratio로 주가를 주당순자산가치로 나눈 값이다.

주당순자산 가치는 기업의 순자산을 회사가 발생한 주식 수로 나누면 구할 수 있다. 순자산은 위에 표에 설명하였으니 설명은 생략하겠다.

28쪽 표의 예로 100,000원의 순자산을 가진 A기업이 발행한 총 주식 수량이 100개라면 주당순자산은 1,000원이 된다. 그렇다면 이 기업의 현재 주가가 1,000원에 거래된다면 PBR는 1,000/1,000 = 1이라는 식을 통해 PBR은 1이 나온다.

③ ROE는 return on equity로 자기자본이익률이라 해석할 수 있다.

ROE는 순자산(자기자본)으로 얼마의 순이익을 냈는지 나타내는 지표로 다음과 같다. 아래 표의 예로 계산하면 10,000/100,000 = 0.1 즉 ROE는 10%가 된다. 이건 마치 10만 원을 은행에 저축했을 때 1만 원의 이자를 받았다면 이자율이 10%라는 것과 같은 원리이다.

위 표와 용어를 완벽하게 숙지하고 아래로 내려가야 이해가 빠르고 시간을 줄일 수 있다. 위 개념을 바탕으로 PER과 PBR 그리고 ROE는 아래와 같이 도출할 수 있다.

A 기업은 다음과 같은 재무제표를 가지고 있다.

A기업(현재 주가 1,000원)		항목	수치	수식
발행주식	100주	PER	10배	1,000/100=10배
순자산(자기자본)	100,000원	PBR	1배	1,000/1000=1배
당기순이익	10,000원	ROE	10%	10,000/100,000*100=10%

2) PER에 대한 워런 버핏의 생각

여기서 벤저민 그레이엄의 재무제표를 통해 투자하기 위해서는 저평가의 기준을 정해야 한다. 저평가의 기준은 절대평가와 상대평가가 있다.

① 절대평가: 투자한 원금이 몇 년 만에 2배가 될 것인가?

워런 버핏은 PER을 수익성 지표로 낮으면 낮을수록 주가는 저평가되었다고 봤다. 보통 저자의 경우 10배보다 낮으면 저평가 7배보다 낮으면 극저평가로 평가한다. 워런 버핏은 잘 알려진 것처럼 주식매수만큼 기업 인수도 많이 했다. 기업을 인수하기 위해 지불하는 금액을 우리는 보통 시가총액(현재 주가 × 총 발행주식)이라 한다(실제 기업을 인수할 경우 인수프리미엄이 붙기도 한다.). 이는 기업이 평가받는 현재 시장가치이다. 외부 요인을 모두 제거하고 쉽게 가정하여 보자. 여기 발생 주식 수 동일한 A회사와 B회사가 있다. A회사와 B회사는 시장에서 똑같이 시가총액 150,000원으로 거래(두 회사의 주가는 동일)되고 있다. 하지만 A회사는 1년 동안 영업을 통해 벌어들이는 수익이 지난 10년 평균 30,000원이고 B회사는 지난 10년 평균 15,000원이다.

두 회사 중 한 회사에 투자해야 한다면 어떤 선택을 해야 할까? 단순히 주가의 시세차익만을 생각하고 투자한다면 이익보다 시가총액이 높게 평가되는 B회사를 매수하는 것이 합리적이다. 그 이유는 B회사는 대중의 관심을 받고 있으며 시장에서 미래가치에 대하여 높은 평가를 받고 있다. 이에, 현재 수익에 비해 높은 시가총액이 형성되었다고 추론할 수 있다. 하지만 여러분들이 기업을 인수하여 기업을 운영해야 한다면 A회사를 선택해야 한다. 왜냐하면, A회사는 시장에서 대중들의 관심을 받지 못하고 시장에서 보는 기대 성장성도 낮게 평가되기 때문에 B회사보다 상대적으로 낮게 평가되었다고 추론할 수 있다. 하지만 A회사에 투자할 경우 현재의 수익성이 유지만 되어도 투자자는 5년 만에 회사가 벌어들이는 순이익으로 투자원금 전부를 회수할 수 있다. 하지만 B회사에 투자할 경우 기대되는 성장이 실현되지 않는다면 원금을 순이익을 통해 회수하는 데 10년이라는 시간이 걸린다.

워런 버핏은 미래의 불확실성에 투자하는 것에 익숙하지 않다고 스스로 말해왔다. "주식은 꿈을 먹고 성장한다."는 주식격언이 있다. 그만큼 주식시장에는 우리가 상상하지 못할 상상력을 동원하여 시세 거품을 만들기도 하고 꺼트리기도 한다. 하지만 이러한 상상력이 실제 현실화된 경우는 매우 드물다. 그만큼 미래의 불확실성은 투자에 있어 잠재적 위협요소이다. 그런 이유로 현재 수익성에 근거한 투자가 안정적이면서 합리적으로 평가받을 수 있다.

② 상대평가: 대안 투자상품과 비교했을 때 얼마나 더 높은 수익

　을 올릴 수 있는가

상대평가로 평가한다면 비교투자자산인 금리와 비교하여야 한다.

워런 버핏은 주식투자는 대안 투자상품인 저축이나 채권투자에 비교해 원금을 잃을 확률이 높으며 이에, 주식에 투자할 경우 위험프리미엄[3]이 있어야 한다고 생각했다. 예를 들어 은행이자(복리 기준)가 4%고 국채금리가 5%라면 주식투자를 통해서는 최소 3~4%의 프리미엄이 있을 때 주식에 투자할 가치가 있다고 본 것이다. 왜냐하면, 위험을 감수하는 만큼 기대수익은 높아야 하기 때문이다.

먼저 기업에 투자하는 두 가지 방식에 대한 이해가 필요하다.

1. 기업 인수를 위한 주식투자(지분투자)

2. 시세차익 또는 배당수익을 얻기위한 주식투자(대중들의 주식투자)

기업 인수를 위한 주식투자의 경우 금리와 비교가 비교적 쉽다. 예를 들어

1년만기 정기예금이 4%라 가정할 때 1,000억을 거치할 경우 세전

수익은 40억원이다.

시가총액이 1,000억인 A기업의 1년간 벌어들이는 법인세납부 전 수익은 100억이다.

그렇다면 A기업을 1,000억에 인수할 경우 100억의 수익을 얻을 수 있으니 수익률은 10%가 되며 A기업의 PER은 10배가 된다. 이 경우 1,000억을 투자할 수 있는 투자자는 정기예금에 가입하는 것과 A기업을 인수하는 것 중 무엇이 합리적인 투자인가? 여기서 A기업에 투자할 경우 위험프리미엄은 6%가 된다. 여기서 말하는 위험프리미엄은 기업의 운영과정에서 돌발변수로 인해 적자가 날 가능성에 대한 위험프리미엄이 되겠다. 하지만 이 책을 읽는 사람 중 수백억을 바탕으로 워런 버핏과 같이 기업을 인수할 능력이 되는 사람이 얼마나 될까? 그러니 이러한 가정은 독자들에게 큰 도움이 되지 않는다.

현실적으로 우리 개인투자자들은 시세차익 또는 배당수익을 기대하고 주식 투자를 진행한다.

그렇다면 PER이 10인 기업이 수익을 아무리 많이 얻더라도 시세변동이 없거나 배당을 하지 않을 경우 투자자가 얻을 수 있는 수익은 없다. PER이 아무리 낮더라도 주가가 오히려 하락하여 손실을 볼 수 있다. 그렇기에 저자는 자연의 법칙인 '평균회귀(平均回歸)[4]' 또는 '중력의 법칙'을 적용하여 PER과 금리와의 상대평가를 시도하였다.

원리는 다음과 같다. 먼저 4단 추론을 통해 가정을 세운다.(예시)

> 1단. 주식시장에 상장된 기업의 PER은 시장전체 평균PER에 '회귀'한다.
>
> 2단. 현재 KOSPI에 상장된 주식의 평균 PER은 13이다.
>
> 3단. A기업의 PER은 10이다
>
> 4단. A기업의 PER은 13이 될 것이다.

위와 같은 가설을 설정하였다면 A기업의 기대수익이 나온다.

A기업이 현재 10,000원에 거래되고 있다면 주당순이익은 PER이 10이기 때문에 1,000원이 된다.

A기업이 위 가설에 의하여 종국(終局)에 PER이 13이 된다면 A기업의 주가는 13,000원이 되고 A기업에 투자하였을 때 기대수익은 3,000원이 되며 기대 수익률은 30%가 된다.

여기서 중요한 사항은 다음과 같다. 금리와 비교할 대상은 시장전체 평균 PER이다. 그리고 수익의 100%를 배당한다고 가정하자.

먼저 현재 시장에 투자할 것인가를 결정하기 위해서는 현재 금리와 시장의 평균 PER 그리고 위험프리미엄이 설정되어야 한다.

1년 만기 예금 시중금리가 4%라고 가정하자.(세전) 시장의 평균 PER은 13이다. 그렇다면 이를 모두 배당받을 경우 배당 수익률은 7.7%가 된다.(세전) 주식시장의 위험프리미엄은 3.7%가 된다.

여기서 왜 평균 PER과 금리를 비교하냐고 물을 수 있다. 이는 4단 추론에 의해서 가능하다.

평균 PER에 주가가 회귀한다고 한다면 PER 13인 기업의 주가는 시세차익을 얻을 수 없다는 결론이 나온다. 그렇다면 PER 13인 기업 투자하여 얻을 수 있는 수익이 배당수익뿐이다. 여기서 배당을 100% 실행한다면 기대 수익률이 7.7%가 나온다는 것으로 위험프리미엄은 3.7%가 된다.

하지만 현실에서는 위와 같은 가정이 성립하지 않는다. 먼저 수익의 100%를 배당하는 기업은 없다고 봐야 한다. 그리고 시세는 매일 변하기에 변화가 없다는 가정이 모순이다.

그렇다면 이를 조정해 주어야 한다. 바로 시장전체 평균 배당성향이다. 예를 들어 전체시장 평균 배당성향이 20%라고 한다면, 수익의 20%를 배당한다고 봐야 한다.

PER 13인 기업에 투자할 경우 기대되는 수익률은 7.7%가 아닌 1.5%가 되고, 위험프리미엄은 -2.5%가 되기에 예금보다 주식에 투자하는 것이 합리적이지 않다는 결론에 이르게 된다.

시장평균 PER이 13일 경우 최소한 PER이 13보다 아래인 기업에 투자해야 기대 수익률과 위험프리미엄은 올라가게 된다.

그렇다면 시장평균 PER이 13인 상황에서 10,000원에 거래되는 PER 10인 기업에 투자할 경우 기대수익과 위험프리미엄은 어떻게 될까? 먼저 기대 시세차익은 3,000원이 된다. 하지만 이는 언제 실현될지 모르는 수익이다. 이에 이는 배제하도록 하자.

1,000원의 수익 중 20%인 200원을 배당할 경우 기대수익률은 2%가 된다. 그렇다면 위험프리미엄은 -2%가 된다. 하지만 기대 시세차익 3,000원이 존재하기 때문에 최대 기대수익은 3,200원이 되고 위험프리미엄의 범위는 최저-2%에서 최대 28%(최대 기대수익 3,200원에서 예금금리 4%인 400원을 제외한 수치)가 된다.

그렇다면 10,000원에 거래되는 PER이 5배인 기업에 투자할 경우 기대수익은 어떤 범위에서 성립할 것인가? 기업의 순이익은 2,000원 배당은 400원이 예상되고 기대 시세차익은 3,000원이 되므로 위험프리미엄은 최저 0% 최대 30%가 된다.

즉, 전체평균PER 보다 개별 기업의 PER이 낮을수록 위 조건을 대입한다면 기대수익과 위험프리미엄이 높아진다는 사실을 확인할 수 있다.

그렇다면 우리가 주식에 투자할 경우 금리와 비교해서 위험 프리미엄의 높은 기업에 투자하는 것이 합리적이라면 PER이 낮은 기업에 투자해야 한다는 결론이 나오는 것이다.

물론 위 방식은 실제 투자현실과 동떨어지는 가정이기도 하고 실제로 적용하기 지극히 어렵다. 하지만 우리같이 기업인수가 아닌 시세차익을 얻고자 주식에 투자하는 투자자들이 주식투자와 정기예금 중 무엇인가 선택해야 하고 이를 이론적으로 뒷받침해야 한다면 위와 같이 약간의 엉터리 같은 방식으로라도 비교해 보고 조금이라도 기대수익이 높다고 판단할 때 투자에 임해야 하는 것이다.

이에 필자의 생각에 PER을 보고 투자하는 투자자는 두 가지 원리만 기억하면 된다. 바로 자연의 원칙인 '평균 회귀'와 '중력의 법칙'이다.

자연에서 우리가 발견할 수 있는 가장 대표적 회귀현상이 연어의 산란과정이다. 그리고 중력의 법칙을 통해 우리는 나무에 매달린 사과는 결국 땅에 떨어진다는 사실을 알고 있다. 이는 평균이라는 중력에 의해 평균에서 지나치게 벗어난 개체는 결국 평균에 회귀할 것이라는 단순한 자연법칙이 주식에도 성립한다고 믿는다면 낮은 PER의 주식에 투자하여 시장 평균에 회귀할 때까지 기다리는 투자방식이 높은 수익을 기대할 수 있다는 결론에 도달할 수 있다.

3) PBR에 대한 워런 버핏의 생각

워런 버핏은 결과론적으로 낮은 PBR의 방직회사인 버크셔 해서웨이를 인수하여 오늘날의 거대 복합기업으로 성장시켰다.

하지만 워런 버핏의 주주 서한을 본다면 버크셔 해서웨이 인수를 실수라고 표현한다. 당시 버크셔 해서웨이는 PBR이 낮았지만 그만큼 투자하기에 적합하지 않았다는 의미이다. PBR이 단순히 낮다고 투자하는 것은 어리석은 행동이며 PBR이 낮은 기업은 그 이유가 있다고 하였다. 하지만 이런 PBR이 낮은 기업이라도 인수하여 잘 운영한다면 훌륭한 기업으로 탈바꿈할 수 있다. 특히 현재의 버크셔 해서웨이는 낮은 PBR의 기업을 인수하여 훌륭한 기업으로 탈바꿈시킨 대표적인 사례이다. 그래서 워런 버핏 주주서한에서 현재의 버크셔 해서웨이가 PBR이 1을 하회(下廻)할 경우 자사주를 매수하겠다고 하였다. 그렇다면 PBR이 낮은 기업에 투자할 때 고려할 사항은 무엇일까?

① 수익을 내고 있는가?

기업의 수익성은 항상 부침(浮沈)이 심하다. 그래서 워런 버핏은 기업의 과거 평균 수익과 현재 사업성 분석을 통해 미래수익을 유추해내곤 했다. 사실 워런 버핏은 성장기업보다는 Cash Cow 기업을 선호했다. 이를 이해하기 위해서는 아래 도표를 살펴볼 필요가 있다.

보스턴 컨설팅 그룹의 투자기업 분류(정상시장인 경우)

		시장점유	
		높음	낮음
성장성	높음	STAR	Question Marks
		높은 PER과 PBR 수치	
		Cash Cow	Dog
	낮음	낮은 PER과 PBR 수치	

표를 쉽게 예시를 통해 설명하면 다음과 같다.

- Question Marks에 속하는 기업을 벤처기업이라 생각하자. 사업에 성장 기대치가 높지만 그만큼 불확실성도 크다.
- STAR에 속하는 기업은 성장하는 산업에서 가장 점유가 높은 기업이니 반도체 시장의 삼성전자로 생각해 볼 수 있겠

다. 삼성과 STAR는 이름부터 잘 어울린다.

- Cash Cow 시장은 보통 추가성장이 어려운 내수시장에서 점유가 높은 기업을 들 수 있다. 예를 들면 라면시장의 농심이나 믹스커피 시장의 동서식품을 예로 들 수 있겠다. 물론 여기 포함되는 기업은 언제든 신제품 출시나 수출시장 개척을 통해 STAR가 될 가능성이 존재한다.
- Dog 시장에 속하는 기업은 보통 사양(斜陽) 산업의 기업이 포함된다.

보통 경험상 정상시장에서 저 PBR 기업은 Cash Cow 기업이나 Dog 기업이 대부분이다. 워런 버핏은 저 PBR인 기업에 투자할 경우 최소한 Cash Cow 기업에 투자하라고 권유한다. 버핏이 처음 버크셔 해서웨이를 투자할 때 버크셔는 Dog 기업이었던 것이다. 그래서 늘 그는 후회하는 발언을 하였다.

② 잉여자산을 어떻게 관리하는가?

잉여자산의 관리에서 워런 버핏 투자의 핵심 포인트 ROE가 적용된다.

위에 자산을 설명할 때 잉여자산은 기업의 자본(순자산)이라고 설명했다.

ROE는 자기자본이익률이다. 예시를 들면 다음과 같다.

A기업	
총자산	100,000원
부채	20,000원
순자산	80,000원
순이익	20,000원
ROE(return on equity)	8/2*100=25%
ROA(return on assets)	10/2*100=20%

A기업의 ROE가 25%가 되는 과정은 위 표를 통해 확인할 수 있다.

여담으로 설명하자면 ROE와 ROA가 있다. ROA(Return On Assets)는 총자산 순이익률이다. 위 표에서 쉽게 구할 수 있다.

ROA는 보통 부채가 많거나 재무제표상 부채로 인식되는 자산이 많은 경우(대부분 금융회사가 여기 포함된다.)에 많이 사용되는 개념이다. 저자는 부채가 비록 높지만, 수익성이 높은 기업에 ROA를 대입하기도 한다.

ROE가 높은 기업에 투자하는 효과에 대하여 쉽게 풀어 설명하겠다.

A기업	
발생주식	100주
현재주가	400원
주당 순자산	80000/100= 800원
총자산	100,000원
부채	20,000원
순자산	80,000원
순이익	20,000원
ROE(return on equity)	8/2*100=25%
PBR	500/800=0.5

위와 같은 A기업이 있다(추가상장, 배당은 하지 않는다고 가정).

ROE와 PBR이 몇 년간 꾸준히 유지한다면 현재 주가 400원이 2배인 800원이 되기 위해서는 몇 년이 필요할까?

발행 100주	PBR고정	ROE고정	순자산(원)	주당 순자산(원)	주가(원)
1년차			80,000	800	400
2년차			100,000	1000	500
3년차	0.5	25%	125,000	1250	625
4년차			156,250	1562	781
5년차			195,312	1953	976
6년차			244,140	2441	1220

위 표에서 ROE가 25%일 경우 순자산 80,000원은 복리로 4년 만에 2배가 되는 것을 확인할 수 있다. 그리고 위와 같이 PBR이 고정되어 있다면 주가도 4년 만에 2배가 된다.

ROE가 높다는 것은 잉여자산을 잘 관리 투자했다는 근거가 된다. ROE가 낮다면 주당 순자산이 아무리 시가총액보다 많아도 이러한 자산을 효율적으로 관리하지 않는다면 PBR이 낮다는 이유만으로 주가에 쉽게 반영되지 않는다. 즉, PBR이 낮은 기업을 투자할 때 반드시 장기 ROE를 고려해야 한다는 것이 워런 버핏 투자의 핵심 포인트다.

4) ROE에 대한 워런 버핏의 생각 (워런 버핏 투자의 핵심 포인트 1)

워런 버핏은 ROE가 높은 기업은 배당 없이 계속 잉여자산을 보유하고 관리해야 한다고 주장한다. 실제로 버크셔 해서웨이는 좋은 기업이다. A주는 주당 354,401달러(2021.2.7. 기준)로 원화(환율 1,100원)로 약 389,841,100원이다 무려 4억원에 가깝다. 하지만 버크셔는 배당하지 않는 기업이다. 워런 버핏의 생각은 다음과 같다.

ROE가 높고 잉여자산을 기업이 잘 활용한다면 배당하는 것보다 투자자 입장에서 재투자 하는 것이 좋다. 배당을 하면 필수적으로 배당에 대한 세금을 내고 배당을 받기 때문에 그만큼 투자자 입장에서 손해라는 것이다. 한국의 경우 배당세율은 15.4%이다.

그렇다면 위 표에서 A기업의 현금배당 성향이 50%일 때 개인투자자에게 어떤 변화가 발생하는지 알아보도록 하자.

A 주식이 배당을 하지 않은 경우

발행 100주	PBR 고정	ROE 고정	순자산 (원)	순이익 (원)	주당 순이익	배당	-	-	주당 순자산 (원)	주가(원)	주당 투자 수익	-
1년차			80,000	20,000	200		-	-	800	400	-	-
2년차			100,000	25,000	250		-	-	1,000	500	100	-
3년차			125,000	31,250	313		-	-	1,250	625	225	-
4년차			156,250	39,063	391		-	-	1,563	781	381	-
5년차	0.5%	25%	195,313	48,828	488	없음	-	-	1,953	977	577	-
6년차			244,141	61,035	610		-	-	2,441	1,221	821	-
7년차			305,176	76,294	763		-	-	3,052	1,526	745	-
8년차			381,470	95,367	954		-	-	3,815	1,907	1,507	-
9년차			476,837	119,209	1,192		-	-	4,768	2,384	858	-
10년차			596,046	149,012	1,490		-	-	5,960	2,980	2,580	-

A주식이 배당을 꾸준히 지급한 경우

발행 100주	PBR 고정	ROE 고정	순자산 (원)	순이익	주당 순이익	배당(원) 성향 50%	배당후 잉여금	주당 배당금	주당 순자산 (원)	주가 (원)	주당 투자 수익	세후 주당 배당 세금 15.4%
1년차			80,000	20,000	200	10,000	10,000	100	800	400		85
2년차			90,000	22,500	225	11,250	11,250	113	900	450	50	95
3년차			101,250	25,313	253	12,656	12,656	127	1,013	506	106	107
4년차			113,906	28,477	285	14,238	14,238	142	1,139	570	170	120
5년차	0.5%	25%	128,145	32,036	320	16,018	16,018	160	1,281	641	241	136
6년차			144,163	36,041	360	18,020	18,020	180	1,442	721	321	152
7년차			162,183	40,546	405	20,273	20,273	203	1,622	811	241	172
8년차			182,456	45,614	456	22,807	22,807	228	1,825	912	512	193
9년차			205,263	51,316	513	25,658	25,658	257	2,053	1,026	215	217
10년차			230,921	57,730	577	28,865	28,865	289	2,309	1,155	755	244
누적 수익												1,521

위 표로 살펴본다면 배당을 하지 않았을 경우 10년을 장기 투자할 경우 주당 투자수익이 2,580원이다.

이에 반해 수익의 50%를 배당한 경우 10년 장기 투자수익은

2,276원이다.

하지만 여기서 우리가 다른 관점에서 두 기업을 평가한다면 다른 결과를 도출할 수 있다.

주가는 PBR로 평가할 수 있지만 PER로 평가될 수 있다고 하였다. 위 표에 나오는 기업A의 10년 PER지표는 약 2배로 고정되어 있다. 하지만 주가가 PBR이 아닌 PER 10으로 평가할 경우 10년 후 주가는 엄청난 차이를 보이게 된다.

10년 후 PER 10을 대입한 주가는 배당을 하지 않은 경우 14,900원이 되고 배당을 꾸준히 지급한 경우 5,770원이 된다. 주가가 3배 차이가 나는 것이다.

마법 같은 복리의 힘이다. 두 기업의 10년 후 순이익 차이는 3배가 된다. 그래서 버핏의 경우 배당을 하는 것보다는 잉여금을 잘 활용하는 기업은 배당하지 않고 계속 보유하면서 자산을 불려 나간다면 자산이 기하급수적으로 시간이 흐른다면 늘어난다는 사실을 일찍 깨달은 것이다.

위 표는 매우 쉬운 중학교 수준의 수학 실력이면 모두 도출할 수 있는 기초적인 수학이다. 특히 엑셀에 수식기능이 있어 도출하기 어렵지도 않다. 만약 전문적으로 공부하고 싶다면 재무계산기 사용 방법을 공부하길 권한다.

두 번째 전제는 ROE는 부채가 적은 기업일수록 유리하게 작용한다.

저자의 경우 부채비율(순자산 대비 부채비율)이 100%를 기준으로 볼 때 200%가 넘어선다면 ROA는 Return On Assets. 총자산순이익을 적용하고 부채비율이 50% 미만일 경우 ROE를 적용한다. 이유는 다음과 같다.

지표(원)	A기업	B기업
총자산	100,000	100,000
부채	70,000	30,000
부채비율	233.00%	42.00%
순자본	30,000	70,000
ROE	33.00%	14.00%
ROA	10.00%	10.00%
순이익	10,000	10,000

위 표를 살펴보면 A기업과 B기업 중 같은 이익을 낸다면 부채가 적은 B기업이 안정적이고 장기투자에 적합한 기업이다. 하지만 ROE는 A기업이 2배 이상 높게 나온다. 이는 순자산이 낮아서 나오는 착시현상이다. 이러한 착시현상을 줄이기 위해 ROE와 ROA는 항상 부채비율에 맞게 적용해야 한다.

기본적으로 저자의 생각은 부채는 적을수록 투자하기 좋은 기업이다.

5) 워런 버핏이 장기투자를 권하는 이유

위 내용을 분석한다면 우리가 왜 장기투자를 해야 하는지 이유가 나온다. 장기투자는 먼저 철저한 수학적 계산을 바탕으로 투자하는 것이다. 우리는 흔히 '존버'라는 표현을 쓰며 주식을 매수하고 수익을 볼 때까지 매도하지 않으면 이것이 장기투자라고 착각한다. 하지만 워런 버핏식 장기투자는 이와는 아주 거리가 매우 멀다.

워런 버핏은 복리의 힘이 장기투자에 진가(眞價)를 발휘하기 때문에 장기투자를 하는 것이고 이를 뒷받침할 수 있는 지표와 수치가 적합한 기업에만 장기투자를 한다.

그래서 워런 버핏식 장기투자에는 PER나 PBR보다는 ROE가 중요하고 부채와 자산의 비율도 중요하며

기업을 운영하는 CEO의 가치관이 중요하다. 만약 한국의 기업 CEO 중 워런 버핏의 주주 친화적인 마인드를 1%라도 가지고 있는 CEO가 있다면 지금이라도 모든 자산을 해당 기업에 100% 투자를 하고 저자는 복잡한 투자세계를 떠나고 싶다. 하지만 한국에는 그런 CEO가 아직까지는 존재하지 않는다.

6) 복리 투자의 힘(워런 버핏 투자의 핵심 포인트 2)

이자에는 단리와 복리가 있다. 단리는 원금에 대하여서만 붙이는 이자이고 복리는 이자를 원본에 가산하여 다시 또 이자를 낳게 하는 일을 말한다. 그럼 이 둘의 차이가 어떤 놀라운 결과를 도출하는지 표를 통해 살펴보자. A와 B는 각 초기원금 10,000원에 A는 10%의 단리 B는 8%의 복리로 20년 동안 거치하였다고 볼 때 10년 후 원금은 얼마로 불어났는지 살펴보도록 하겠다.

	A원금	이자 (단리10%)	B원금	이자 (연 복리8%)
1년차	100,000	10,000	100,000	8,000
2년차	100,000	10,000	108,000	8,640
3년차	100,000	10,000	116,640	9,331
4년차	100,000	10,000	125,971	10,078
5년차	100,000	10,000	136,049	10,884
6년차	100,000	10,000	146,933	11,755
7년차	100,000	10,000	158,687	12,695
8년차	100,000	10,000	171,382	13,711
9년차	100,000	10,000	185,093	14,807
10년차	100,000	10,000	199,900	15,992
11년차	100,000	10,000	215,892	17,271
12년차	100,000	10,000	233,164	18,653
13년차	100,000	10,000	251,817	20,145
14년차	100,000	10,000	271,962	21,757
15년차	100,000	10,000	293,719	23,498
16년차	100,000	10,000	317,217	25,377
17년차	100,000	10,000	342,594	27,408
18년차	100,000	10,000	370,002	29,600
19년차	100,000	10,000	399,602	31,968
20년차	100,000	10,000	431,570	34,526
누적합계	300,000	-	466,096	-

앞의 표에서 살펴본다면 이자가 2%가 낮은데 20년 후 총 원금은 복리로 거치하였을 때가 50%나 많다. 하지만 이러한 결과가 나오기 위해서는 최소한 15년 이상 투자하였을 때 힘을 발휘한다. 그래서 복리의 힘을 이해한다면 장기투자를 해야 한다고 하는 것이다.

워런 버핏은 복리와 관련하여 흥미로운 주장을 하기도 하였다. 1626년 5월 24일 네덜란드의 정복자 피터 미누이트(Peter Minuit)는 미국 뉴욕시 맨해튼을 24달러 가치의 장신구로 인디언에게 구매하였다고 한다. 당시 24달러를 현재가치로(2014년 기준) 계산하면 1,050달러의 가치가 있다고 한다. 2014년 기준 맨해튼 전체 가치는 3조 달러를 상회할 것으로 추정된다.

그렇다면 인디언들이 멍청한 거래를 한 것인가? 이를 계산하기 위해서는 24달러를 390년간 어떻게 활용하였는가에 따라 결과는 완전히 달라진다. 만약 24달러를 단리 연 7%로 은행에 예치했다면 현재가치로 679달러가 된다. 1,050달러에도 미치지 못한다.

하지만 만약 24달러를 복리(3개월마다 이자 지급) 연 7%로 은행에 예치했다면 어떤 결과가 나올 것인가? 무려 13조 6,000억 달러가 된다. 맨해튼 가치인 3조 달러보다 4배나 많은 가치를 가진 금액이 되는 것이다.

이것이 장기투자의 힘이고 복리의 힘인 것이다. 이는 역으로 설명하자면 장기투자를 하기 위해서는 복리의 마법을 이해해야 한다는 것이니 장기투자를 위해서는 공부와 연구를 게을리하지 않아야 한다.

2. 기업분석 II (워런 버핏에게 위대한 기업이란?)

위 표에서 워런 버핏이 재무제표를 투자에 어떻게 활용하는지 간단하게 살펴보았다. 아마 알고 있던 분들도 있던 반면에 장기투자에 대한 인식이 전환된 독자들도 있을 것이다. 워런 버핏도 사실 투자에 있어 가장 큰 고민은 다음과 같았다. ROE를 어떻게 하면 꾸준히 높게 유지할 것인가? 그리고 미래 ROE를 어떻게 예측할 것인가?

기업의 재무제표도 역시 후행지표로 지나간 기록에 불과하다. 기업의 주가는 보통 경기*지수를 6개월~1년을 선행한다고 본다면 이미 과거의 재무제표는 현재 주가에 반영되었다고 봐도 무관하다. 물론 반영되지 않고 저평가 단계에 머물러있는 기

---

* 매매나 거래에 나타나는 호황·불황 따위의 경제 활동 상태.

업도 많지만, 이론적으로 그렇다는 것이다.

　장기투자를 비판하는 사람들 대부분이 기업의 미래전망을 어떻게 개인이 예측할 수 있느냐는 반론을 제기한다.

　워런 버핏은 이에 대하여 초창기에는 기업의 과거 10년 이상의 ROE 평균을 사용했다.

　하지만 10년 평균 ROE를 구한다고 해도 내일 당장 어떤 변수가 발생할지 아무도 알 수 없다. 평균은 평균일 뿐이다. 홀짝 게임에서 홀과 짝이 나올 가능성이 50%라고 해서 10번 던져 홀과 짝이 반드시 5번씩 나오는 것은 아니다. 특히나 예전보다 오늘날 시장과 세상의 변화속도는 너무나 빠르다.

　그래서 워런 버핏은 기업의 장기 ROE를 예측하기 위해 기업이 속한 시장의 존속성과 그 시장에서 기업이 차지하는 독점력을 파악해서 투자에 대입했다. 이러한 투자기법을 얻는 데 가장 큰 역할을 한 사람이 바로 버핏의 영원한 단짝 찰스 멍거이다. 이 둘의 만남도 〈스노볼〉에 잘 나와 있으니 읽어보길 바란다.

　필립 피셔 저 〈위대한 기업에 투자하라〉에 어떤 주식을 살 것인가. 이 책은 버핏에게 있어 투자에 획기적인 전환점을 마련해준 책이다. 버핏은 그가 평생을 통해 주로 사용한 해자[*](垓字)의 개념은 이 책에서 영감을 얻었다고 해도 과언이 아닐 것이다. 필립 피서는 책에서 위대한 기업을 선정하는 15가지 기준을 제시한다. 이 개념을 이해한다면 워런 버핏의 투자기법에 한층 가까워질 것이다.

다시 한번 말하지만 〈현명한 투자자〉, 〈위대한 기업에 투자하라〉는 반드시 읽어보길 권한다. 주옥같은 글들로 가득 찬 보물창고와 같기 때문이다.

> 포인트 1. 적어도 향후 몇 년간 매출액이 상당히 늘어나거나 충분한 시장 잠재력을 가진 제품이나 서비스를 기업이 소유하고 있는가?
>
> 포인트 15. 의문의 여지가 없을 정도로 진실한 최고 경영진을 갖고 있는가?
>
> 워런 버핏이 투자 핵심포인트는 위 2가지로 압축할 수 있다. 물론 다른 13개 포인트도 중요하지만 1번과 15번만큼 중요하지 않다.

워런 버핏의 투자한 기업 중 존속성과 독점력을 가장 크게 대변하는 기업이 코카콜라(Coca-Cola)이다. 워런 버핏만큼 저자

---

* ① 능(陵)·원(園)·묘(墓) 등의 경계. ② 성 밖으로 둘러 판 못.

도 코카콜라를 좋아하고 매일 1캔은 마신다. 코카콜라는 마셨을 때 느낄 수 있는 청량감과 달콤함 시원함은 잊을 수 없는 맛이다. 콜라라는 음료는 다른 음료와는 모든 면에서 차별성이 있어서 대체 불가능하다. 건강을 위해 콜라를 마시지 않을 수 있지만 콜라를 마시고 싶을 때 콜라를 대체할 수단은 없다는 것이다. 오로지 코카콜라의 유일한 대항마는 펩시콜라이다. 하지만 30년 넘게 콜라를 마시면서 느끼는 것은 코카콜라와 펩시콜라는 같은 콜라지만 맛은 너무나 다르다. 물론 저자는 건강을 위해 예전보다는 코카콜라를 줄이고 있다. 하지만 아직도 수없이 많은 사람이 콜라를 마시고 필요로 한다. 특히 느끼한 음식을 먹을 때면 더 생각하는 것이 코카콜라이다.

코카콜라는 세계인구가 늘어나고 극빈층이 중산층으로 성장할수록 매출은 늘어날 것이다. 세계화되어 시장도 넓고 크다. 코카콜라의 독점력은 코카콜라는 아무나 만들 수 없다는 사실에 있다. 수없이 많은 코카콜라의 아류작이 있었다. 한국에도 예전에 저자가 초등학생일 때 '광복콜라'라는 이름으로 '815콜라'가 나왔다. 지금 생각하면 손발이 오그라드는 이름과 맛이었다. 아류작은 몇 년 버티지 못하고 코카콜라에 무너져 내렸다.

아직도 펩시콜라가 있지만 말이다. 그럼 쉽게 말하면 전 세계 콜라 시장은 두 기업이 독점하고 있다. 바로 코카콜라와 펩시.

그럼 두 기업에 50%씩 같은 비율로 또는 점유율에 비례하여 투자한다면 콜라시장 전체에 투자한 것과 같은 효과를 얻는다.

콜라의 유일한 대항마는 웰빙이 생활습관이다. 한때, 2000년대 초반 웰빙(well-being)이 문화로 자리 잡으면서 맥도날드 등 패스트푸드 기업들의 경영 환경이 힘들었던 시절이 있었다. 하지만 콜라가 건강을 해친다는 말에 무조건 동의할 수 없다. 이유는 매일 콜라를 마신다는 워런 버핏 회장도 90세가 넘음에도 아직도 건강하게 오히려 더 왕성하게 기업 COE로 활동하는 노익장(老益壯)을 발휘하고 있다.

워런 버핏은 이러한 코카콜라가 가진 시장의 존속성과 독점력을 해자(垓字)에 비교해서 설명하곤 했다. 해자란 예전 성을 방어할 목적으로 파놓은 못이나 높은 성벽을 의미한다. 시장의 존속성은 장기 ROE를 예측하는데 중요한 수단이 된다. 시장이 성장하지 않더라도 지금처럼 시장이 존재하고 존속한다면 기업의 ROE에는 큰 변화가 없을 것이기 때문이다. 하지만 시장에 경쟁자들이 쉽게 침투(浸透)할 수 있다면 시장점유를 잠식당하여 전체수익의 파이를 경쟁기업과 나눠야 하기 때문에 수익성에 손상이 발생한다. 이때 기업이 독점력을 가진다면 해당 시장에 경쟁자가 침투하기 어려워지고 그렇게 된다면 장기 ROE를 예측할 수 있게 된다. 이러한 해자를 가진 기업으로 워런 버핏은 시즈캔디, 코카콜라를 예시로 자주 든다. 특히 시즈캔드에 대한 버핏의 애정은 주주 서한이나 주주총회에 거의 빠지지 않고 등장한다. 워런 버핏이 어떤 기업에 주로 투자하였는지는 인터넷을 조금만 찾아봐도 쉽게 알 수 있다. 책으로 확인하고 싶다면 메리 버핏 저, 최준철 번역 〈워런 버핏의 실전 주식투자〉를 반드시 읽어보길 권한다. 워런 버핏 관련 괜찮은 서적 중 가장 페이지가 얇다는 장점이 있다.

저자도 워런 버핏의 영향으로 ROE가 높은 Cash Cow 기업에 투자하는 것을 선호한다. 성장주에 투자하는 것만큼 수익이 높지는 않겠지만 어느 때보다 편안한 마음으로 장기투자에 임할 수 있기 때문이다. 그러한 기업을 찾는 스킬에 대하여 다음 장에 간략하게 설명하겠다.

3. 종목선정이 어렵다면?

위 2장을 통해 워런 버핏의 핵심 투자기술인 재무제표를 통해 투자하는 기법과 좋은 기업을 선정하는 방법에 대하여 간략하게 살펴보았다. 하지만 여기서 글을 마친다면 뭔가 섭섭할 것 같아서 종목선정을 위한 꿀팁을 준비하였다.

▶ 쉽게 접할 수 있는 기업의 사업보고서와 일상생활의 소비 습관을 통해 투자기업을 발굴하자.

- 사업보고서의 사업의 내용을 꼼꼼히 살펴보라. 해당 회사가 어떤 사업을 하는지 살펴보는 것은 중요하다.
- 사업보고서의 사업의 내용을 통해 해당 기업의 시장점유율을 파악할 수 있다. 독점적 기업이 투자에는 이롭다.
- 본인의 소비습관을 파악하여 본인이 매일 사용하거나 선호하는 제품을 생산하는 기업을 주목하라.
- 가능하면 내가 잘 알고 있는 분야에 투자하라.
- 당장 나에게 1억이 주어진다면 사고 싶은 제품을 3개 정하고 그것을 생산하는 기업을 주목하라 앞으로 전 세계적으로 억만장자는 늘어날 것이다.
- 한 달을 100만원으로 생활해야 한다면 무엇을 사서 어떻게 생활할 것인지 고민해보라. 그리고 필수적으로 구매할 생필품 10개를 정하고 그것을 생산하는 기업에 주목하라. 전 세계적으로 중산층이 늘어난다면 기준은 1,000달러가 될 것이다.

위 6개 기준은 저자가 주로 이용하는 방법이다. 재무제표를 연구하기 전에 먼저 생활 속에서 투자 아이디어를 찾는 것이 중요하다. 그것은 시간 낭비를 줄여주는 중요한 일이기도 하다. 우리는 본업도 있고 투자에만 매진할 수 없다. 특히 거래에 매진하면 수익이 발생하여 돈이라도 벌 수 있지만, 연구에만 매진한다고 당장 돈이 생기는 것도 아니다. 그래서 재무제표를 보는 것과 연구를 하는 것만큼이나 연구할 기업을 선별하는 것이 무엇보다 중요하다. 특히 위와 같은 투자방법은 피터린치 저, 권성희 번역 〈피터린치의 이기는 투자〉에서 저자는 아이디어를 얻었다. 꼭 읽어보길 권한다. 피터 린치는 특히 자녀들과의 대화나 함께 쇼핑하는 과정에서 자녀들의 소비를 통해 좋은 기업을 많이 발굴한 것으로 유명하다.

투자를 어려워할 필요가 없다. 위와 같이 지금 21세기 대한민국에는 모든 정보가 오픈되어 있고 투자에는 어려운 계산이 필요 없으며 종목선정 역시 나 자신의 생활·소비 패턴만 잘 분석해도 충분히 좋은 기업을 발굴할 수 있다. 문제는 그 조금의 노력과 관심조차 없는 투자자가 대부분이란 사실이다. 노력 없이 돈을 벌고 싶다면 인덱스펀드(index fund*)나 복리로 이자를 주

---

* 인덱스펀드, 지표채(指標債, 일정 기간의 시장 평균 주가(株價)에 어상반한 운영 효과를 가져오는 주식으로 된 투자 기금).

는 장기보험상품에 투자하면 스트레스 없이 더 좋은 성과를 낼 수 있다. 스스로 어떤 투자기법으로 투자하느냐는 자유의사지만 최소한 그러한 투자기법으로 투자하는 것에 대하여 논리적으로 남들에게 설명할 정도는 될 때 저자는 그 사람을 투자자로 인정해준다. 우리 모두 투기자가 아닌 투자자가 되기를 바라면서 이번 장을 마치도록 하겠다.

Part 1

투자 입문

이번 장은 필자가 투자에 입문하여 지금까지 경험한 시행착오에 대한 반성문으로 여러분들은 저와 같은 실패를 경험하지 않기를 바라는 마음에 마련하였다

혹, 투자에 있어 무언가 잘못된 방향으로 가고 있다는 생각을 지금 하고 있다면 같이 고민할 수 있는 장이 되었으면 한다.

숨조차 쉴 수 없는 고통 속에서
한 줄기 빛을 만나다

지난 15년의 나의 투자 생활은 실패의 연속이었다.

배웠지만 실천하지 못하였고 때로는 지나치게 신중했고 때로는 지나치게 성급했다. 마음먹은 대로 몸이 따라주지 않으니 원칙을 세울 수도 지켜낼 수도 없었다. 성공을 눈앞에 앞둔 순간 늘 돌발변수가 발생하였고 나는 투자포지션을 정리해야 했다. 나의 의지와도 상관없이 과녁에서 화살이 빗나갈 때면 원인을 항상 외부로 돌리기 바빴다. 실패에는 핑계가 필요했고 주위에 대한 불신으로 가득 차 있었다. 그리고 실패할 때면 지나간 성공을 눈앞에 두고 접어두어야 했던 과거의 순간이 떠오르면서 속이 부글부글 끓고 애간장이 타들어 갔다. 신을 원망하기도 부정하기도 하고 종국에는 태초의 나라는 존재 자체에 대해서도 부정하기에 이르렀다.

"신이시여 어찌 나에게 주식이라는 사물을 알려주시어 이토록 괴롭게 하옵니까?"

누구에게도 실패에 대하여 허심탄회하게 털어놓고 이야기하기 쉽지 않다. 그 많던 순간을 일일이 말로 표현할 수 있겠는가? 지금 생각해보면 실패 속에서도 나에게 줄 수 있는 유일한 칭찬은 그 수없이 많은 좌절 속에서 끙끙 앓던 날들을 혼자 잘 견디어주었다는 것이다.

투자를 시작하고 10년간 필자에게 결과는 절망 그 자체였다.

시작은 직접투자가 아닌 펀드였다. 2005년 나는 직접투자가 아닌 펀드를 선택했다. 어쩌면 이때 계속 펀드로만 투자했다면 어떠했을까? 지금보다야 다소간 성공적이었겠지만 이와 같은 글을 쓸 수 있는 자산을 나에게 주지는 못했을 것이다. 그래서 지금은 지나간 실패도 감사하다.

사실 글을 써야겠다고 결심했을 때 가장 큰 딜레마가 두 가지였다. 하나는 "나는 아직 성공하지 못했는데 이런 글을 쓸 자격이 있을까?"라는 자격론과 또는 성공하지 못했기 때문에 나에게 전문성이 없다고 독자들이 비난하거나 나의 순수한 마음이 공격당할 수 있다는 자기방어적 사고였고, 두 번째가 글의 목적성으로 볼 때 "나의 투자에 대하여 얼마나 상세하게 독자들에게 알려주어야 하는가?"라는 투자서로서의 당위성이었다.

보통의 우리나라에서 판매되는 투자서는 보통 충분히 투자수 익을 자랑할 수 있는 성과를 낸 투자자가 "나는 나만의 방식으로 얼마를 벌었다."라는 자기 홍보성 저서이거나 이미 성공해서 누구나 알고 있는 세계적인 투자자들의 이야기를 사실적으로 알려주는 책이거나 아니면 그러한 성공한 투자자들이 직접 작성한 자서전이거나 셋 중 하나다.

하지만 나는 그 셋 중 무엇에도 포함되지 않는 주변에서 흔히 볼 수 있는 실패한 개미 투자자 중 한 명일 뿐이다.

하지만 때로는 성공에서보다 실패에서 더 많은 것을 배울 수 있다.

그리고 성공담에는 과장이 포함되기 마련이지만 실패담은 거의 모든 것이 진실이다. 왜냐하면, 보통 실패는 사람들이 감추려 들기 때문이다. 이런 이유로 최소한 본인의 실패담에 실패를 과장하지는 않는다.

투자를 시작한 이후 크게 3번의 변곡점이 있었는데 이를 소개하고자 한다.

워런 버핏을 만나다

내가 워런 버핏이란 투자자를 처음 알게 된 시점은 정확하게 기억나지 않지만 19살 언저리였던 기억이 난다. 우연히 신문을 보던 중 신문 후반부 귀퉁이에 아주 짤막한 기사를 통해서였다.

세계 10대 부호 리스트를 소개한 기사로 당시 대한민국 최고의 부자인 이건희 회장은 명단에도 없었고 1위가 빌 게이츠 2위가 워런 버핏이었다. 그리고 그사이 조지 소로스가 순위에 있었는지 없었는지 기억이 나지 않는다. 특이한 점은 그 표에는 이름 나이 직업 자산 순으로 표시되어 있었는데 대부분 부호의 직업이 기업의 대표이거나 사모펀드 운영자처럼 충분히 가능한 인사들이었는데 유독 워런 버핏만 직업이 투자자로 표시되어 있었다. 그리고 그 찰나의 순간이 나를 이 투자자의 세계로 끌어들인 마법과 같은 순간이었던 것 같다. 때로는 찰나의 순간이 역사를 뒤바꿔놓기도 한다. 단테가 베아트리체와 찰나의 순간 마주치지 않았다면 르네상스시대는 몇 세기 밀려났을 수 있다.

"투자만 잘해도 세계에서 최고의 부자 중 한 사람이 될 수 있다고?"

어릴 때부터 부자가 되고 싶은 야욕을 가지고 있던 나에게 그때 이미 인생의 진로는 정해진 것과 같았다.

그렇게 20살부터 워런 버핏을 동경하였다. 하지만 워런 버핏과 관련된 전문서적을 만나기 어려웠고 2년간 내가 읽은 책들은 "나는 주식투자로 1년 만에 10억원을 벌었다."라는 식의 기술적 투자를 알려주는 책을 읽었고 실제로 기술적 투자가 무엇인지 알게 되었고 그 당시 이런 책들을 읽었다는 사실은 투자자로서 양날의 검이 된 것은 분명하다. 지식의 확장이란 면에서 볼 때 다양한 투자기법을 알게 된 것은 감사한 일이지만, 나의 투자 인생에서 그러한 지식들이 큰 도움을 주었는가는 의문이 든다. 사실 지금 생각해보면 애초부터 '워런 버핏'식 투자를 알고 무식할 정도로 그것을 지켰으면 얼마나 좋았을까 하는 후회도 많이 생긴다.

그러다가 우리나라에서도 펀드투자가 유행하기 시작하고 점점 투자 서적이 늘어날 즈음인 2005년 처음으로 그와 관련된 서적을 만날 수 있었다. 워런 버핏의 며느리였던 메리 버핏 저

〈워런 버핏의 실전 주식투자〉[5]라는 책으로 너무나 반갑고 특히 워런 버핏이 직접 저술한 책은 아니지만, 그의 곁에서 15년간 지켜본 며느리가 작성한 글이라니 신뢰감도 갔다.

그리고 이 책을 통해 가치투자란 무엇인가? 버핏의 투자란 무엇인가에 대해 대략 적으로 알게 되었다. 사실 그때는 책이 어렵게 다가왔다. 그리고 당시 기업의 재무제표는 구하기도 어렵고, 책에 나온 대로 투자를 하기 위해서는 재무계산기도 공부해야 하고 자료도 수집해야 하고 경영·회계를 전문적으로 공부해야 했다.

그래서 당시 텍사스인스트루먼트사의 BA II-PLUS 공학용 계산기를 사고 서울출판미디어에서 출판된 〈재무계산기〉[6]라는 책을 사서 공학이 무엇인지도 모르는 일자무식이 1년간 계산기 사용법을 공부하고 경영학과 회계학을 독학으로 공부했던 기억이 난다.

현재 투자자들은 너무나 많은 가공된 정보의 홍수 속에서 편하게 투자할 수 있지만 2005년만 해도 개인의 노력이 많이 요구되었다.

하지만 이 책은 버핏식 투자방식만을 알려줄 뿐 워런 버핏이 어떤 삶을 살아온 사람인지는 알려주지 않았다. 그리고 당시 우리나라 주식시장으로 비춰볼 때 적절한 투자기법을 제시한 책이 맞는가 하는 의심도 들었다. 왜냐하면, 당시 KOSPI·KOSDAQ에 상장된 거의 모든 주식이 PER[7] 15 이하였기 때문이다. 버핏은 PER 15 이하로 거래되는 주식은 저 평가된 주식이라고 하였는데 우리나라의 대표 우량주*들도 PER이 10이 넘지 않았으니 어린 투자자에게는 가치관의 혼란이 왔다. 과연 이 책대로 투자하는 것이 우리나라의 실정에 맞는 것인가? 하지만 지금 생각해보면 투자자의 길로 가기 위한 사전 준비를 하게 해주었으며 워런 버핏의 투자가 어떤 것인지 수박 겉핥기라도 알게 해줘서 참으로 고마운 책이었다.

그렇게 워런 버핏을 알게 되고 이후 한국도 2007년 주식 광풍이 불면서 주식투자를 하는 사람들이 점점 늘어났고 관련 서적도 늘어났다. 하지만 그러한 책들은 그저 워런 버핏이라는 명성에 기생하여 책을 팔기 위한 아류작에 불과했고 워런 버핏의 인생 철학이나 투자 가치관을 알려주기에는 부족했다.

그러다가 2009년에 앤드류 킬패트릭 저 〈워런 버핏 평전〉을 만나게 된다. 총 2편으로 구성된 두꺼운 책으로 워런 버핏 최초의 전기를 담았는데 유년기부터 책이 출판된 시점까지 그의 삶을 조명했기에 큰 기대를 품고 선택하게 되었다. 사실 2009년

---

* 수익과 배당이 높으며 경영 내용이 좋은 일류 회사의 주식.

은 미국의 서브프라임사태로 인한 주가 폭락을 경험하였고 대부분 투자자가 힘들어하던 때로 나 역시 처음 경험한 주가 폭락의 공포로 몸과 마음이 지쳐있었던 시기였다.

그리고 책을 한 장 한 장 정성스럽게 읽어나갔다. 그리고 워런 버핏의 철학과 가치관에 대하여 많이 배우게 되고 많은 깨달음을 얻게 되었다. 하지만 여기서 문제는 읽고 알게 되었음에 불구하고 그것을 지키지 않았다는 사실에 있다.

그리고 20대 중반의 혈기왕성한 나이에 한 권의 책을 읽고 모든 것을 통달하기에는 너무나 어렸다.

그래도 버핏 관련 책을 읽고 남들 앞에서 버핏에 대하여 뭔가 잘 안다는 듯 남들 앞에 당당하게 말할 수 있게 되니 뭔가 내가 전문 투자자 같아 보이기도 했고 마치 워런 버핏이라도 된 마냥 남들 앞에서 떠들어댔던 모습이 생생하게 기억난다.

그러다가 또다시 투자에 쓴맛을 보고 실패도 맛보고 또 가끔 수익도 나면서 그럭저럭 지내던 어느 날 2013년 어느 가을 버핏과 마주 앉는 영광을 얻게 되었다. 엘리스 슈뢰더 저 〈스노볼 워런 버핏과 인생경영〉이라는 책으로 총 2편으로 구성된 1,800페이지가 넘는 방대한 분량에 놀라기도 했지만, 더욱이 이 책은 워런 버핏이 직접 쓴 회고록은 아닐지라도 직접 저자에게 회고록을 집필할 것을 요청하였고 필요에 따라 수시로 인터

뷰하고 정보와 자료를 제공하면서 무려 저자가 5년간 집필에 매달린 다음에야 내놓은 정식 회고록이나 다를 바 없는 나에게는 아주 특별한 책이었다. 이 책을 쓰고 있는 지금까지도 워런 버핏이 직접 집필한 도서가 없으니 현존하는 최고의 워런 버핏 관련 서적이라 부를 만하겠다.

하지만 이 책을 읽은 투자자 특히, 완독하고 몇 번이나 다시 읽은 투자자는 몇 명이나 될까? 이 책을 그렇게 닳도록 읽었다고 자랑하는 것이 아니라 최소한 워런 버핏의 투자방식을 공부하거나 가치투자자가 되고자 하는 사람들에게 단 한 권의 책을 추천한다면 자신 있게 추천할 만한 걸작이다.

나는 그렇게 인생에서 총 3권의 책을 통해 워런 버핏의 투자방식부터 시작해 살아온 인생 역경 위대한 투자자의 성공과 실패 철학까지 공부할 수 있었고, 내가 투자를 하면서 인문학에 입문할 수 있었던 것도 워런 버핏 같은 위대한 투자 철학자를 만났기 때문이 아닐까 하는 생각이 든다.

직업을 구하다

　2014년 어느 날 지난 10년간 투자에 매진해왔지만 뚜렷한 성과도 내지 못하고 특히, 장기투자를 하고자 하였지만, 단기투자에 머물고 마는 등 도저히 버핏을 공부했다고 하기 부끄러운 모습을 보여주었다.

　그리고 문제점을 찾기 시작했다.

　내가 투자자로 굳건한 의지를 갖고 주변에 흔들리지 않기 위해서는 어떻게 해야 하는가?

　당시 나는 투자수익에 의존해서 생활을 해왔다. 그래서 장기투자라기보다는 스윙매매8)에 집중했다.

　스윙매매란 단기투자와 장기투자의 중간단계로 주식시장에서 흔히 발생하는 단기 시세분출이 발생할 것으로 예측된 종목에 투자해서 단기 시세분출이 발생할 때 주식을 매도하는 중기

매매 투자방법으로 투자자들이 많이 사용하는 투자기법이다.

당시 스윙매매를 할 때 목표 수익률은 20~30%로 운이 좋으면 2~3일 만에 높은 이익을 거둘 수 있었다.

하지만 단점이라면 스윙매매에서 기업가치를 평가하기 보다는 미래의 주가상승을 예측하는 것을 오로지 차트와 보조지표에 의존해야 했으며 특히 당시 나는 볼린저밴드 투자에 심취해 있었다.

아직도 나는 볼린저밴드의 작동원리에 대해 정확하게 알지 못한다. 볼린저밴드 재단에서 내린 정의에는 '1980년대 초반 존 볼린저가 개발한 기술적인 거래도구로 주식의 변동성 자체가 가변적이고, 일정하지 않다는 당시 시장상황에서 적합한 매매 범위를 찾기 위해 만들어졌다.'고 설명되어있다.

내가 볼린저밴드에 투자자로서 의존하게 된 계기는 경험에서 나온 것이었다. 수년간 보조지표를 바탕으로 차트를 살피다 보면 누구나가 자신만의 원칙이 생긴다. 원칙이란 경험에서 오는 확률적 감각이다.

오로지 볼린저밴드 하단에서 매수하고 상단에서 매도하는 것을 반복하는 것을 의미한다. 보통 볼린저밴드와 거래량을 살펴보면 당시에는 매수 타점이 보였던 것 같다. 그리고 생각보다 승률도 좋았다. 확률적 투자는 원칙이 단순할수록 좋다. 아주 많은 보조지표가 있었지만, 나의 기술적 투자는 오로지 볼린저 밴드와 거래량 그리고 주가이동평균선의 흐름뿐이었다.

투자가 단순했기에 기업의 사업, 재무제표*, 경제지표 등 복잡한 공부나 자료수집을 할 이유도 없고 그렇게 서서히 버핏이란 투자자를 알기는 했는가? 할 정도로 투자는 단기적이고 투기적으로 변질하여 갔다.

무엇이 나를 이렇게 만들었는가? 근본적인 체질개선이 요구되었다.

수익은 있지만 총 투자액은 늘어나지 않는 기이한 현상도 발생한다.

당시 찾은 원인은 크게 2가지였다. 첫째는 돈의 가치를 알지 못한다는 사실이었고 둘째는 매달 고정비가 발생한다는 것이었다.

첫째 스윙투자가 잘되던 시절 나는 돈의 가치를 알지 못했다. 투자금에서 쉽게 10~20%의 수익이 길게는 몇 달 짧게는 며칠 사이 발생한다고 생각해보라. 게다가 그런 돈들은 오로지 컴퓨터 화면에서 수치로 움직일 뿐이었다. 백만원 천만원이 그저 우습게 보이던 시절이었다. 당시 최저임금으로 살펴볼 때 보통 한

---

* 기업 활동의 경영 성적 및 재정 상태를 이해관계인에게 보고할 목적으로 작성되는 각종 계산표.

달 열심히 일하면 120~200만원 벌 수 있었다. 그런 돈이 하루 아침에 들락날락하니 '일단 수익이 발생하면 사용하자 다시 잃을 바에 소비하면 뭐라도 남지 않겠느냐?'라는 지금 생각해보면 말 같지 않은 자기 합리화를 바탕으로 낭비하는 소비습관이 생기기 시작했다. 그래서 당시 나는 수입차를 몰고(당시만 해도 수입차를 몰고 다니는 20대는 드물었다.) 명품을 소비하고 값비싼 음식점에서 데이트를 즐기는 등 남들이 보면 부잣집 도령처럼 보이게 행동했다.

그리고 당시 이런 수익은 영원히 보장될 것 같았다. 마치 당시 내가 알던 그 단순했던 투자기법을 알라딘의 지니 주전자인양 찬양하기도 했다.

하지만 인간에게 운이란 영속되지 않는다. 그리고 확률은 확률일 뿐 예측한 것과 반대상황이 되는 경우도 상당히 많았다. 그러다 손실이 발생하면서 투자원금이 쪼그라들 때면 실력을 탓하기보다는 운이 없었다. 나는 아직 젊고 실력이 있으니 곧 재기할 수 있다는 막연한 기대감으로 잘못된 투자를 연연해오고 있던 것이다.

둘째 인간은 자본주의 사회에서 살기 위해서는 숨만 쉬어도 돈이 든다. 이것을 총칭해서 나는 고정비*라고 표현한다. 인간다운 삶 의식주를 해결하고 자아를 실천하고 연애도 하는 등 모든 행위에는 결국 돈이 든다. 고정비가 많고 적음을 떠나 고정비는 우리가 살아있는 한 영속하다.

영속이란 무섭다. 한순간도 거르지 않는다는 것이다. 그래서 인간은 노동을 통해 이러한 고정비를 충당한다. 물론 노동을 하지 않고 이러한 고정비를 충당하는 방법도 있다. 안정적으로는 이자수익이나 임대수익 등을 통해 충당하는 방법이 있고 불안정 적이지만 투자수익을 통해 충당하는 방법도 있다. 노동이자 임대수익은 변동이 있을 수 있지만, 안정적 수입원이다. 그래서 영속한 고정비를 충당하는데 큰 문제가 발생하지 않는다. 하지만 투자수익으로 고정비를 충당한다는 것은 불안정하다. 전업 투자자의 위험성과 불안함은 바로 여기에서 나온다. 고정비는 주기적으로 발생하지만, 투자에서 주기적인 수익을 보장하는 투자기법이란 없다. 전업 투자자들은 수익이 주기적으로 필요하다. 길게 투자하다 보니 투자에서 중요한 것은 시간을 내 편으로 만드는 것이다. 시간을 내 편으로 만든다는 말은 타이밍을 내가 결정한다는 것이다. 하지만 전업투자자에게 시간은

---

* 생산량의 증감과는 상관없이 일정하게 지출되는 비용. 불변 비용.

내 편이 아니다. 매달 돌아오는 고정비를 충당하기 위해 투자가 단기적이고 수익에 집착할 수밖에 없다. 집착하면 할수록 사물은 나에게서 멀어져간다. 마치 우리가 모래알을 움켜쥐면 쥘수록 모래는 내 손에서 멀어지는 것과 같다.

게다가 이러한 투자금이 부채*로 이뤄져 있다면 이자의 무서움은 따로 이야기하지 않아도 누구나 잘 알고 있다. 당시 나에게 부채는 없었지만, 의식주를 해결하고 거기에 차도 유지하고 연애도 하고 최소한 백만원에서 백오십 만원을 필요했던 것 같다.

게다가 스윙매매을 통해 생기는 수익으로 소비하던 습관은 점점 커져만 갔고 명품소비를 위한 카드결제도 심심치 않게 사용했다.

어느 날 눈떠보니 이건희 회장의 말씀 따라 파멸로 가는 거울에 비친 자신의 모습에 그만 등에서 식은땀이 났다.

글을 쓰고 있는 2020년 한해를 뒤돌아볼 때 가장 가슴 아픈 일은 이건희 회장의 급작스러운 부고 소식이었다. 끝끝내 대한민국 산업의 거인은 일어나지 못하셨고 영면에 드셨다. 지난 5년간 병상에 누워계실 때 그분의 투병 생활은 누구보다 괴로우

---

* 남에게 빚을 짐. 또는 그 빚.

셨겠지만 그럼에도 그분이 다시 깨어나시길 바라면서 실낱같은 희망을 놓지 않은 단 하나의 이유는 아직 대한민국에는 이건희 회장님이 해주셔야 할 일이 많다는 것이었다. 그분의 육신은 이제 이 세상에 없지만, 정신은 영원히 빛날 것이다.

이건희 회장님이 독일 프랑크푸르트에서 변화를 촉진하며 한 유명한 명언인 "마누라 자식 말고 다 바꿔봐!"

나에게도 변화가 촉진*되었다. 그것은 선택의 문제가 아니라 생존의 문제였다.

변해야 할 것은 많았지만 한 번에 변화할 수 없었다. 천지개벽은 있을 수 없는 일이다. 무엇을 먼저 할 것인가?

그리고 선택의 순간이 왔다. 투기자가 될 것인가, 투자자가 될 것인가? 나는 투자자의 길을 선택했다. 이는 곧 직장을 구해야 한다는 결론에 도달하게 되었다. 시간을 내 편으로 만들기 위해서는 안정적인 직업이 필요했다. 투자는 장기투자로 가자. 다시 버핏을 공부하고 투자에 대한 근본 인식부터 바꿔버리자. 그리고 본업에 투자가 절대로 방해가 될 수 없도록 투자를 최대한 내 삶에서 멀리 대하자. 본업을 통해 수익이 발생하면 꾸준히 30%만 재투자하면서 장기투자에 임해보자.

---

* 재촉하여 빨리 나아가게 함.

그리고 1년간 투자를 끊고 주변에 모든 유혹을 물리친 뒤 뒤늦은 공부를 통해 지금의 직업을 성취하였다.

지금도 본업에 충실하게 노력하고 있다. 버핏식 투자를 하는 이상 투자란 더는 매일 연연하면서* 일희일비(一喜一悲)**할 대상이 아니다. 그저 남들이 저축하는 것과 같이 급여에 일부를 떼어내 투자할 뿐이다.

이러한 선택을 하고 난 이후 2016년 봄 어느 날 나는 애덤 그랜트 저 〈오리지널스〉를 읽게 되었다. 애덤 그랜트는 최연소 와튼스쿨 종신교수로 〈비즈니스위크〉 선정 '대학생이 가장 선호하는 교수' MBA컨설팅 사이트 포잇츠앤드콴츠(Poets and Quants)가 뽑은 '마흔 살 이하 세계 40대 경영학 교수', 세계 경제포럼 선정 '젊은 세계 지도자', '세계에서 가장 영향력 있는 경영사상가 25인' 등으로 손꼽힌 교수로 책에서 깊은 내공이 느껴졌다. 여기서 말하는 내공이란 사물이나 현상의 본질을 꿰뚫어 보는 통찰*** 같은 것을 의미한다.

책에는 다음과 같은 구절이 있다.

---

* 집착하여 잊지 못하다.

** 기쁜 일과 슬픈 일이 번갈아 일어남. 일비일희.

*** 전체를 환하게 내다봄. 예리하게 꿰뚫어 봄.

성공한 사람들은 주식 포트폴리오를 관리하는 방식을 일상 생활에서도 적용한다.

"한 분야에서 창시자가 되려면, 자신이 창시자가 되려는 그 분야를 제외한 다른 모든 분야에서는 확고한 사고방식을 지닌 감정적으로 사회적으로 안정된 사람이어야 한다."

글의 요지는 한 분야에서 안정감을 확보하면, 다른 분야에서는 자유롭게 독창성을 발휘하게 된다는 사실을 말해주고 있다.

세계적 석학도 안정적 직업이 성공에 얼마나 큰 밑거름이 되는지 설명하고 있다.

본업이 있다면 투자에서 수익을 거둬야 한다는 강박관념(强迫觀念)에서 벗어나 자유를 얻을 수 있다. 이러한 자유는 투자자에게 중요하다. 전업 투자를 하나의 업으로 삼는 사람들이 최근 늘고 있다고 한다. 최근 COVID-19로 인한 경기 위축과 일자리감소 그리고 '동학개미[9]'로 정의되는 투자 붐의 영향이 크리라 생각한다. 하지만 투자를 직업이라 부를 순 없다. 증권회사나 투자자문사[10]에 다니는 직원들은 급여를 받는다. 하지만 전업 투자에는 급여가 없다. 본인 재산으로 투자하는 많은 유명 투자자들도 나름의 본업이 있다. 대한민국 투자에 관심이 많은 세계적 투자자 짐 로저스[11]도 강연 및 저술 등 투자 외 다른 활동을 활발하게 하고 있다.

특히, 직업을 그만두고 전업 투자자를 꿈꾸는 분들에게 간곡히 호소드리고 싶다. 나는 전업 투자로 인해 나뿐 아니라 주변인에게 상처를 주고 끝내 통곡의 눈물 흘린 경험을 하였다. 가장이라면 가족을 생각하고 결혼을 하지 않았다면 부모님과 연인을 생각해서라도 전업 투자자가 되기 전에 심사 또 심사숙고(深思熟考)*하길 바란다.

그리고 또 다른 나쁜 버릇인 낭비벽을 고치기 위해 노력하고 있다. 투자에서 수익은 보장되지도 않고 영속한 것도 아니다. 그래서 소비를 급여에 맞춰야지 투자수익 같은 불확실성에 맞춰선 안 된다.

씀씀이는 커지기는 쉽지만 줄이기는 어렵다.

제시 리버모어는 〈제시 리버모어의 회상〉[12]에서 인간의 씀씀이와 관련하여 귀감(龜鑑)이 되는 말을 남겼다.

> 일반적으로 우리 인간은 자신이 처한 상황에 너무 빨리 적응하는 바람에 넓게 조망하는 시야를 잃어버린다. 달라진 점

---

* 깊이 잘 생각함. 심사숙려.

을 크게 느끼지 못한다는 말이다. 즉 백만장자가 되고 난 뒤에는 그 이전에 자신이 어떻게 느꼈는지 생생하게 기억하지 못한다. 단지 지금은 할 수 있는데 예전에는 할 수 없었던 게 있었구나 하고 떠올릴 뿐이다. 그리 나이가 많지 않은 보통 사람은 가난했던 시절의 습관을 잊는 데 오랜 시간이 걸리지 않는다. 부자로 지냈던 시절을 잊는 데는 조금 더 긴 시간이 필요하다. 이렇게 되는 이유는 돈이라는 게 필요를 만들어내고 스스로 증식하려고 하기 때문인 것 같다. 내 말은 주식시장에서 돈을 벌게 되면 눈 깜짝할 사이에 절약하는 습관을 잊고 만다는 것이다. 그런데 돈을 날린 뒤에 이전의 낭비하던 습관을 버리는 데는 긴 시간이 필요하다.

그렇다. 한번 커진 씀씀이는 쉽게 줄일 수 없다.
그래서 나는 낭비하지 않기 위해 다섯 가지 원칙(原則)을 세우고 실천하고자 노력하고 있다.

첫째. 급여의 50%를 저축 또는 투자한다.

둘째. 소비는 급여의 30% 한도에서 해결한다.

셋째. 투자수익을 소비와 연결 짓지 않는다.

넷째. 신용카드를 사용하지 않는다.

다섯째. 투자로 벌어들인 자산을 사회에 환원할 목표를 세운다.

특히 투자수익을 소비와 연결 짓지 않는 것이 중요하다. 나는 때때로 주변 사람들에게 다음과 같은 질문을 듣는다. "더 좋은 집에 살 수 있고, 더 좋은 차를 몰 수 있는데 왜 그러지 않나요?"

이유는 단순하다. 나의 모든 소비는 현재 직업과 급여에 맞춰져 있기 때문이다. 그리고 인문학을 배우고 난 이후부터 불필요한 소비를 하지 않고자 다짐을 했다. 필요 이상의 소비는 자연을 황폐화(荒廢化)시킬 뿐 아니라 마음에 욕심이라는 탐욕(貪慾)이 싹트게 하는 원인이 된다.

물론 훗날 결혼을 하고 아이들이 생긴다면 큰 집과 큰 차가 필요한 순간이 오겠지만 그건 그때 고민하면 된다. 그리고 신용카드를 사용하지 않는 습관 역시 중요하다. 신용카드를 사용하는 사람들은 할부제도 때문에 신용카드를 사용한다. 하지만 신용카드 사용은 죄의식 없이 쌓는 부채일 뿐이다. 주변에는 신용카드의 늪에 빠져 도무지 헤어나오지 못하는 사람들이 많다. 신용카드를 사용하더라도 할부보다는 일시납으로 결제하고 매달 카드대금이 급여의 20%가 넘지 않는 선에서 사용해야 건전한 재정을 수립할 수 있다. 이유는 보통 할부로 사는 물건은 값비싼 사치품이 대부분일 것이다. 사치품은 필요에 의해서라기보다는 과시를 위한 소비이다. 과시욕은 자기만족보다는 타인을 의식한 소비이다. 타인을 의식하는 소비를 하기 시작하면 앞으로의 모든 소비가 타인을 의식한 소비가 되고 이로 인해 타인에게 인정받거나 부러움을 받게 되면 과시욕은 더 커지게 된다. 문제는 이러한 소비가 자신의 능력을 넘어서더라도 멈출 수 없다는 것에 있다. 흔히 '깔맞춤[13]'이라는 단어를 사용한다. 명품으로 치장할 때는 명품으로만 치장해야 한다는 것이다. 그리고 과시욕이 커지게 되면 더욱더 희귀하고 값비싼 물건을 찾게 된다.

지불(支拂)능력을 넘어선 소비는 나중에 청구서가 되어 고스란히 돌아온다. 그리고 그때는 이미 늦었다. 그리고 그 청구서로 인해 급여를 차압(押留) 당한 것 같이 매달 허우적거리며 살아가게 된다. 이미 그때는 자신의 재정 건전성이 무너지면서 해결할 수 없는 상황이 된다.

특히, 자동차를 할부로 사는 사람들이 많다. 최근에는 자동차 업계에서 금융제공프로그램(financial promotion)이란 저금리를 미끼로 적게는 5년 많게는 10년 동안 할부로 차량을 구매하라고 홍보한다.

자동차를 5~10년 동안 저금리 할부로 사는 것은 나쁘지 않다. 하지만 고려할 부분이 있다. 개인의 재정 건전성을 위해 차량 유지비와 월 할부금은 급여의 20%가 넘지 않아야 한다고 생각한다. 앞서 말한 대로 급여의 50%를 저축 또는 투자하고 30%를 소비한다고 하면 남는 돈은 20%가 된다. 이 20%를 넘어가게 되면 저축과 소비 중 일정 부분을 포기해야 한다. 소비 30%는 살아가기 위한 최소 고정비라는 의미가 강하다. 줄이더라도 크게 줄이기 힘들다. 그럼 20%를 넘어가는 금액은 모두 저축해야 하는 금액에서 줄여야 한다. 저축을 줄이면 미래를 계획할 수 없다. 보통 매달 급여의 50% 이상을 차량 소유 및 유지에 사용하는 사람들을 '카푸어[14]'라고 한다. 거기에 주거형태가 월세라면 매달 저축액은 제로에 가까워진다. 그야말로 오늘만 살아가는 '욜로족[15]'이 되는 것이다. 욜로족의 가치관이 나쁘다는 것은 절대 아니다. 최소한 현재 투자자이거나 투자자를 꿈꾸는 사람들의 가치관과는 맞지 않음을 말해주는 것이다. 인간은 어떤 삶을 선택하고 살아가더라도 그 가치관은 모두 존중받고 인정받을 가치가 있다. 올바른 삶의 정답도 없다. 위에 말한 원칙은 투자자로서 나의 원칙과 과거 실패를 바탕으로 투자자라면 어떤 습관을 갖추는 것이 좋은가라는 하나의 방법론을 제시하는 것일 뿐이다. 그리고 나 역시 위와 같은 원칙을 세웠지만 모두 지켜지는 건 아니다. 인생에는 늘 예상치 못한 변수가 발생하기 때문이다.

인문학을 만나다

투자자로 인문학*에 입문하게 된 계기는 남들 흔히 가지는 취미도 없고 운동하는 등 움직이는 것도 싫어하는 성향인데다가 매일 투자에 연연하지 않게 되니 자연스럽게 책을 가깝게 하게 되었다. 그리고 처음 직업을 구하고 혼자 자취하게 되었을 때 나만의 공간을 꾸밀 기회가 생겼고 취미를 정하고 집에서 할 수 있는 공간을 만들어야겠다는 생각을 했다.

그래서 선택한 것이 나만의 서재를 만드는 것이었다. 버핏과 나는 같은 취미를 가졌다. 그것은 바로 수집과 독서이다. 나도 우표와 지폐수집을 취미로 해왔다. 금(gold)에 투자할 때도 비용이 조금 들더라도 실물 금을 선호한다. 이유는 금은 극단적

---

* '인문 과학'의 준말.

전쟁상태나 뱅크런(Bank Run)¹⁶⁾ 같은 사태를 대비한 자산이다. 은행에 예치된 금을 찾을래야 찾을 수 없는 상황을 대비하는 것이 금 투자인데 약간의 비용을 절약하기 위해 금을 내가 소유하지 않는 것은 바보 같은 행동이라 생각해서 현물로 금괴도 수집하고 있다. 금괴라 하기는 부끄럽고 금붙이라 하는 것이 옳은 설명이겠다. 독서도 좋아하다 보니 어느새 보유하고 있는 책도 많아지고 조용히 공부하고 싶은 욕심도 생겼다. 그런데 서재에 너무 큰 책장을 사다 보니 그동안 많이 수집한 책들을 모두 수납하여도 빈칸이 많았다. 그래서 이를 채우고자 책을 사기 위해 서점에도 자주 갔고 결국 서재를 꾸미기 위해서는 독서에는 편식을 없애야 한다는 결론에 도달했다. 당시 보유한 책은 지나치게 투자 및 비즈니스 서적에 한정되어 있었다. 그래서 최근에는 이와 반대되는 인문학 책을 많이 수집하게 되었다. 이때 처음 접한 인문학 책이 도올 김용옥 선생의 〈중용 인간의 맛〉이라는 책으로 유가 경전인 중용을 해석한 다소 어려운 책이었다. 처음에는 재미도 없고 실증적이지 않다는 편견 때문에 잘 읽히지 않았다.

이는 역사를 잘못 해석한 개인의 그릇된 역사관에서 비롯된 것이다. 우리나라 역사책에는 조선 중기인 16세기 사림(士林)이

정권의 중심이 된 이후 18세기까지 성리학*이 국가운영의 근본이 되었고 이에 나라가 발전하지 못하였다고 기술되어 있다. 이에 18세기 실증적인 학문을 공부하자는 실학파가 나타나기 시작했으며 이러한 실학파들의 등용으로 영·정조 때 조선이 다시한번 부흥하였으나 정조 사후 실학사상은 다시 자취를 감췄고 외척과 쇄국 정치로 인해 조선은 망조에 길로 접어들었다고 가르치고 있다. 일정 부분 맞는 부분도 있지만, 이는 유교 자체의 문제라기보다는 유교를 수용하고 정치에 이용한 정치가들의 문제라고 생각하다.

사실 인문학은 정신적인 부분이지 물질적인 부분인 과학과는 구분된다. 조선의 상업과 문물이 발전하지 못한 이유는 창업 초기부터 상·공업을 천시여기고 성장을 억제한 폐쇄적 국가통치 이념과 다른 나라와 교류하지 않은 정치적 폐쇄성이 그리고 과학 발전을 명나라에 의존한 탓이 크다. 그리고 세종대왕의 위대한 업적을 이어가지 못한 채 계유정란(癸酉靖難)[17]이란 피의 숙청을 하고 후에 단종복위 거사를 주도한 사육신** 등 집

---

* 중국 송(宋)·명(明)나라 때에 성한 형이상학적 유학의 한 계통.
** 조선 세조 때 단종의 복위를 꾀하다 잡혀 죽은 이개(李塏)·하위지(河緯地)·유성원(柳誠源)·유응부(兪應孚)·성삼문(成三問)·박팽년(朴彭年)의 여섯 충신.

현전*의 훌륭한 학자들을 모두 죽였고 인재가 부족한 가운데 공신정치가 이뤄졌으며, 불과 몇 대 후에 연산군[18]이란 폭군이 집권하면서 나라를 파탄에 이르게 한 것이 주요 원인이라 생각한다.

역사학자가 아니다 보니 역사적 소견(召見)이 부족하고 위와 다른 의견이 있을 수 있다. 이는 잘못된 부분이 있다면 언제든 수용할 자세가 되어있으니 너그러이 이해해 주길 바란다.

인문학 공부는 동양의 고전철학과 역사를 바탕으로 종교 서양의 철학과 역사로 점진적으로 확장시켜 나갔으며 그 근본은 동양사상인 유가(儒家)과 도가(道家) 그리고, 사마천이 지은 역사책 사기(史記)에 있으며 그 외 단테의 신곡을 위시한 중세와 근대 서양철학 그리고 대한민국의 역사와 인물을 통해 폭넓게 사고를 확장해 나가고 있다.

학문(學文)을 공부함에는 앎에서 끝나는 것이 아니라 깨달음이 있어야 하고 실증적이어야 함은 현실 생활에 변화를 가져다주어야 한다. 이런 면에서 인문학을 공부하면서 많은 깨달음을 얻고 이를 투자에 접목하다 보니 생각이 바뀌고 생활이 윤택해짐을 경험하였다.

---

* 조선 초에 경적(經籍)·전고(典故)·진강(進講) 등을 맡아보던 관아.

생활이 윤택해졌다는 것은 금전적으로 부자가 되었다는 의미가 아니라 마음이 평온해지고 불안한 마음이 사라졌음을 의미한다.

인문학을 투자에 접목하게 된 계기는 다음과 같다. 결국, 투자는 자기 자신과 싸움이면서 정신력 싸움이다.

투자세계에서 수익이 생기고 손실도 보지만, 익명성(匿名性)에 가려져 돈을 누가 잃었는지 또는 누가 벌었는지 알려고 하지 않고, 알 방법도 없다. 그래서 투자세계에는 보이지 않는 시세 조정도 존재하고 투자자들이 흔히 말하는 세력(勢力)도 존재한다. 하지만 그들은 철저히 익명성 속에 그들의 불법행위는 합리화되기도 하고 심지어 불법과 합법의 경계도 분명치 않다 보니 알면서도 당하고 살아야 한다. 심증이 있어도 증거가 없는 것이다. 그리고 이런 시세 조종은 기본적으로 인간의 심리를 교묘하게 이용한다.

제시 리버모어는 이렇게 말했다.

호구는 늘 공짜로 무엇을 얻으려 한다. 주식 붐이 불면 항상 어리석음에서 비롯돼 주변의 흥청거림에 자극을 받은 투자 본능이 활활 타오른다. 쉽게 돈 한번 벌어보겠다고 나섰던 사람들이 이 속된 세상에 공짜는 없다는 사실을 깨닫기까지 어떤 식으로든 대가를 치르고야 만다. 예전의 숱한 거래와 각종 수법(手法)들에 대한 이야기를 맨 처음 들었을 때 나는 '1860년대와 1870년대 사람들이 1900년대 사람들보다 더 잘 속아 넘어갔었구나.' 하고 생각했다. 그런데 오늘·내일 신문을 펼쳐보면 틀림없이 과거에나 벌어졌음 직한 일이라 생각한 폰지 사기 사건에 관한 내용이나 유사 주식 중개업자들의 파산, 혹은 호구들이 수백만 달러를 날림으로써 이번에도 말 없는 다수가 아까운 돈을 잃었다는 소식이 실려 있다.

오늘날을 살펴보자 100년이 지난 지금도 전혀 다르지 않다. 라임·옵티머스 사태[19]를 생각해보라.(물론 이 사태의 근본은 금융권은 모럴헤저드에서 비롯되었다.) 선량한 피해자들은 피눈물을 흘렸고 다시는 일어나지 않아야 할 일들이 투자세계에서는 반복적으로 발생하고 있다. 신규투자자 대부분은 돈을 벌기 위한 목적으로 투자를 시작한다. 하지만 투자의 본질을 알려고 하지 않고 성공적인 투자를 하기 위해 노력조차 하지 않는다. 심지어 내가 무엇에 투자하는지 모르는 사람들이 태반이다. 이도 아니면 그들이 하고 있다는 대부분 노력이 헛된 노력에 불과하다.

역사는 반복된다. 인간의 실수도 반복된다. 심지어 제시 리버모어는 "자신의 실수에서 무언가를 배운다면 그것이야말로 진정한 축복일 것이다."라고 했다.

인간이 실수를 반복하는 이유는 무엇이 문제인지에 대한 문제의식(問題意識)을 갖지 못하였거나 그것을 알면서도 고치려는 노력을 외면하기 때문이다.

인문학을 공부한다면 성공적인 투자를 할 수 있는 다양한 방법을 배울 수 있다. 인격(人格)과 심신(心身)의 수양(修養)을 통해 자신을 되돌아보고 이를 통해 다시 태어날 수 있으며 사물과 현상의 본질과 내면을 들여다보는 통찰력(洞察力)까지 갖출 수 있다. 이런데도 투자자가 되겠다고 하면서 인문학을 등한시(等閑視)하겠는가?

Part 2

우리는 왜
흔들리는가?

물이 끓기 위해서는 100℃에 다다라야 한다. 하지만 우리의 시각에서 50℃와 90℃ 사이에 차이를 알아차리기 어렵다. 그래서 우리는 90℃까지 잘 견디었다가 100℃가 되는 순간을 보지 못하고 포기하는 경우가 많다.

주식투자에서도 마찬가지다. 시세의 분출은 화려한 불꽃과 같다. 짧지만 강렬하다. 그래서 모든 투자자들의 소원은 시세의 분출에 자신의 몸을 싣고 싶어 한다. 마치 불꽃이 피기 전 바로 직전 심지에 불을 피우는 순간 내 몸을 싣고 힘껏 쏟아 올라 화려한 불꽃 속에 피어오르고 싶어 한다. 하지만 문제는 무엇인가? 우리는 심지의 길이를 알지 못한다는 것이다. 그리고 생각한 대로 불꽃이 피지 않으면 "심지가 불량인가?" 또는 "심지가 축축해서 심지에 켜진 불이 꺼지는 것은 아닌가?"라는 온갖 의심을 하기 마련이다. 이번 장은 이러한 의심을 가지는 투자자분들의 마음에 안정을 드리고자 마련하였다.

필사즉생 필생즉사
(必死則生 必生則死)

성웅(聖雄) 이순신 그의 이름만 들어도 대한민국의 모든 국민은 가슴이 뜨거워진다.

난중일기(亂中日記)는 어떤 글보다 솔직하고 진솔한 글이다. 누구에게 보여주고자 지은 글이 아닌 하루하루의 일상을 기록한 일기이기 때문이다. 우리 역사에서 이순신 장군은 참으로 갸륵한 사람이다. 국난(國難)을 극복했지만 죽어서도 그 공을 모두 인정받지 못했다. 오히려 선조에 의해 폄훼되고 묻혀왔다. 난중일기마저 존재하지 않았다면 인간 이순신은 우리 민족에게 어떻게 기억되고 있었을까? 역사의 무서움이자 기록의 위대함이다.

필사즉생 필생즉사는 오자병법에 나오는 글로 이순신 장군의 애독서였다 전해진다. 오자병법은 오기[20]와 무후[21]가 만나

이야기 나눈 문답(文答)형식의 책으로 오기 또는 오기의 제자가 지은 책으로 알려졌지만, 저자는 확실치 않다.

사마천[22]의 사기 〈오기열전〉을 보면 오기 역시 이순신 장군처럼 당대 뛰어난 능력 덕에 시기와 질투를 많이 받았던 것으로 보인다.

특히, 오기의 삶은 기구(崎嶇)하다. 오기는 BC400년대 위나라 사람으로 병법이 뛰어나 전국시대 노나라, 위나라, 초나라에서 모두 능력을 인정받아 높은 직위를 얻고 공을 세웠지만, 너무나 능력이 뛰어나 주변의 시기로 인해 쫓겨났고 마지막엔 비참하게 살육당하는 비운(悲運)의 인물이다.

사기에는 오기가 시기 받는 장면을 다음과 같이 설명한다.

> 노나라 신하는 오기에 대해 "오기란 위인은 잔인합니다. 젊었을 때 집에 천금을 쌓아놓고 여러 곳을 돌며 벼슬을 구했으나 이루지 못하고 가산만 다 날렸습니다. 마을 사람들이 비웃자 오기는 자신을 비방한 자 30여 명을 죽이고 도성 동쪽 성문을 통해 달아났습니다. 어머니와 헤어지면서 팔을 깨물며 맹서(盟誓)하길 '오기가 경상*(卿相)이 못 되면 다시는 위나라로

---

* 재상(宰相).

들어오지 않겠습니다.'라고 했습니다. 드디어 증자[23]를 모셨고, 얼마 뒤 어머니가 죽었는데도 오기는 끝내 돌아가지 않았습니다. 증자가 그를 멸시하여 오기와의 관계를 끊었습니다. 오기는 노나라로 와서 병법을 배워 노나라의 국군을 섬겼는데 노나라의 국군께서 그를 의심하자 오기는 아내를 죽이고 장수 자리를 구걸했지요. 노나라가 작은 나라로 전투에서 승리했다는 명성(名聲)을 얻었으니 제후들이 노나라를 도모하려 할 것입니다. 그리고 노나라와 위나라는 형제의 나라입니다. 국군께서 오기를 기용하는 것은 위나라를 버리는 것입니다."

해석하자면 오기는 어릴 때 능력이 부족해 매관매직(賣官賣職)*으로 관직에 오르려 했지만 그러하지 못하였고, 자신을 비방(誹謗)한 마을 이웃 30명을 무참하게 살해하고 도주하였다. 그러면서 어머니에게 "제가 재상**이 되기 전에 어머니를 찾지 않겠습니다."라며 부모를 떠났다. 그리고 공자의 제자였던 증자의 제자가 되어 유교를 공부하였다. 하지만 유가에 효행(孝行)을 중시했음에도 불구하고 어머니가 돌아가신 후 돌아가 3년 상

---

* 돈이나 재물을 받고 벼슬을 시킴. 매관. 매관육작. 매관. 매직(賣職).
** 왕을 돕고 모든 관원을 지휘 감독하는 지위에 있던 이품 이상의 벼슬. 또는 그 벼슬에 있던 사람.

을 살지 않는 모습을 보고 스승인 증자로부터 파면당했다. 이에 노나라에서 벼슬을 했는데 공을 세울 기회에 기회를 잃을 것을 염려하여 아내마저도 죽인 대역무도(大逆無道)*한 인물이니 그에게 큰 관직(官職)을 준다면 주변국의 공공의 적이 되는 것이다.

위 말이 사실이라면 정말 인면수심(人面獸心)[24]의 천일공노(天人共怒)[25]할 패륜아(悖倫兒)**가 아닐 수 없다.

오기는 이렇게 시기를 받다가 생명의 위협을 느끼자 위나라로 도망간다. 그리고 오기는 위나라에서 능력을 인정받아 장수가 된다. 그의 장수로서 자질에 대해 사마천은 다음과 같이 기록했다.

> 장수로서 오기는 사졸들 중 가장 낮은 자들과 함께 입고 마셨다. 잘 때는 이불 따위를 깔지 않았고, 행군 때 말이나 수레를 타지 않았다. 식량도 직접 지고 다니면서 사졸들과 노고를 함께 나누었다. 종기가 난 병졸이 있었는데 오기는 그것을 입으로 빨았다.

---

* 사람의 도리에 몹시 어그러짐. 또는 그런 행위. 대역부도.
** 인간으로서 마땅히 지켜야 할 도리에 어그러지는 행동을 하는 사람.

병졸의 어머니가 그 이야기를 듣고는 통곡을 했다. 어떤 사람이 "아들은 졸병이고, 장군이 직접 그 종기를 입으로 빨아 주었다는데 왜 우는 거요?"라고 했다. 어머니는 "그렇지 않소. 왕년에 오공께서 그 아이 애비의 종기를 빨아 주었는데 그 아이 애비는 전투에서 뒤도 안 돌아보고 싸우다 마침내 적진에서 전사했소. 오공이 지금 또 그 아들의 종기를 빨아주었으니 나는 그 아이도 언제 어디서 죽을지 몰라 이렇게 우는 것이라오!"

여기서 나온 사자성어가 동고동락(同苦同樂)[26], 연저지인(吮疽之仁)[27]이다. 덕성을 강조한 지도력(指導力)을 몸소 실천했다고 하겠다.

그리고 그는 바른 신하로 주군인 무후에게 다음과 같은 말로 정치적 질타를 한다.

무후는 서하에서 배를 타고 가다가 중간쯤에서 고개를 돌려 오기에게 "아름답구나! 이 견고한 산하야말로 위나라의 보물이로다!"라고 했다. 오기가 "국가의 흥망성쇠(興亡盛衰)는 (군주의) 덕에 달려 있지 험준함에 달린 것이 아닙니다. 옛날 삼묘씨(三苗氏)는 왼쪽으로 동정호(洞庭湖), 오른쪽으로 팽려호(彭蠡

湖)를 가지고 있었지만 덕과 신의를 닦지 않아 우(禹)나라에게 멸망당했고, 하나라의 걸은 왼쪽으로는 황하와 제수(濟水), 오른쪽으로는 태산(泰山)과 화산(華山), 남쪽으로는 이궐(伊闕), 북쪽으로는 양장(羊腸)을 갖고도 어진 정치를 하지 않아 탕(湯)에게 추방당했습니다. 은주(殷紂)의 나라는 왼쪽으로 맹문(孟門), 오른쪽으로 태행산(太行山), 북쪽으로 상산(常山)을 끼고 남쪽으로는 황하가 흘렀지만 부덕한 정치를 하다가 무왕(武王)에게 죽었습니다. 이렇게 보면 덕에 달렸지 험준함에 달린 것이 아닙니다. 국군께서 덕을 닦지 않으시면 배 안의 사람이 모두 적이 될 것입니다!"라고 했다. 무후는 "좋은 말씀입니다!"라고 했다.

군주에게 험준한 지형에 안심하지 말고 덕성을 쌓고 바른 정치를 하라고 돌직구를 날려버린 것이다.

오기의 이런 바른말이 마음에 들지 않았는지 오기는 끝내 위나라에서 재상의 자리에는 오르지 못한다. 그리고 오기는 재상 공숙의 계략(計略)에 빠져 왕의 의심을 받게 되고 다시 초나라로 도망가게 된다.

초나라에서도 오기는 정치를 잘한 듯싶다.

(오기는) 법을 분명히 하고 명령을 잘 따져 급하지 않은 관직을 없애고 멀어진 공족들의 (특권 등을) 폐지하여 전투 병사들을 길렀다. 강한 군대를 만들고 유세를 일삼는 종횡가*(縱橫家)들을 내치는 데 목적이 있었다. 이렇게 해서 남으로는 백월(百越)을 평정하고, 북으로는 진(陳)나라, 채(蔡)나라를 아울러 삼진(三晉)을 격퇴했으며, 서쪽으로는 진(秦)나라를 정벌하니 제후들이 초나라가 강해지는 것을 걱정했다.

하지만 축석봉정(矗石逢釘)[28]이라 하지 않는가. 소신 있고 덕성을 갖추었음에도 인정(人情)이 없었기 때문인지 주변에 미움을 받다가 오기를 신임하던 초나라 도왕이 죽자 대신들이 난을 일으켜 그는 참살하고 만다.

이에 사마천은 오기의 삶과 관련하여 "행동을 잘하는 사람이 말까지 잘하는 것은 아니며, 말을 잘하는 자가 꼭 행동까지 잘하는 것은 아니다. 오기가 무후에게 (산천의) 형세가 덕만 못하다고 했지만, 초나라에 가서 각박하게 은혜를 베풀지 않다가 그

---

* 중국 선국 시대 때, 여러 국가를 종횡으로 합쳐야 한다는 합종책(合縱策)과 연횡책(連衡策)을 논한 일파를 일컫는 말.

몸이 죽었으니 슬픈 일이다!"고 평가했다.

역사적 기록을 보면 오기의 삶 중 어떤 모습이 진짜 모습이고 어떤 모습이 억울하게 누명을 쓴 모습인지 알 수 없지만 지나치게 덕성과 규율을 강조한 나머지 주변을 살피지 못하고 인정이 부족했던 것이 그가 비극적 삶을 살게 된 원인이 아닐까 하는 생각을 하게 된다.

사기의 기록에 오기를 모함한 부분은 노나라의 신하 중 누군가가 한 말로 보아 객관성이 떨어지고 누명일 가능성이 높다고 하겠다. 병사도 잘 통솔하고 정치도 잘한 것으로 기록되어 있지만, 자신의 신념을 굽힐 줄 몰라 주변의 시기와 질투를 받고 한 많은 삶을 마감한 것이 아닌가 생각하니 이순신 장군의 삶과도 많이 닮아있다. 이순신 장군의 삶이야 우리 국민이라면 누구나 잘 알고 있으니 생략하겠다. 단지, 명량대전을 앞두고 고작 13척의 전함으로 수백 척의 적함과 맞서야 하는 일생일대(一生一代)의 대위기 앞에 서서 장병들에게 필사즉생 필생즉사를 부르짖었을 장군의 한 많은 모습을 생각하니 그저 갸륵할 뿐이다.

우리의 투자가 흔들리는 이유는 무엇인가? 투자자의 마음가짐도 필사즉생 필생즉사의 마음가짐으로 투자에 임해야 한다.

이는 죽기 살기로 투자에 임하라는 것이 아니다.

필자의 경우 투자를 결심한 돈에 대해서는 이미 없는 돈이라는 생각을 하고 투자를 한다. 필사즉생이다.

이미 없어도 되는 돈이니 마음이 편하다. 그리고 마음이 흔들릴 이유가 없다. 버려야 깨달을 수 있고 버려야 얻을 수 있다. 필사즉생의 투자를 하기 위해서는 준비가 필요하다. 먼저 자신만의 종잣돈을 준비해야 한다. 종잣돈[29]은 여유자금으로 준비해야 한다. 투자손실에 대한 책임을 고스란히 스스로 짊어질 수 있어야 한다. 즉, 종잣돈은 스스로 책임질 만한 규모여야 한다. 그리고 때를 기다릴 줄 알아야 한다. 투자하기 전에는 지금 투자를 하기에 시기적절 한때인지 스스로 판단하는 것이 중요하다. 이것은 개인의 노력을 요구한다. 기준과 원칙은 누구나 다르다. 단지, 기준과 원칙을 가지고 있는 사람과 그렇지 못한 사람은 천지 차이다 이들은 심리상태가 다르다. 그러니 자기자본을 가지고 자신만의 원칙을 세운 후 투자에 임해야 한다.

마지막으로 조바심*을 내지 않아야 한다. 대부분 투자자는 이 조바심을 이기지 못하고 실패한다. 조바심을 이기는 방법은 결국 내 것이 아닌 것에 대한 미련을 버려야 한다. 인간은 선택

---

* 조마조마하여 마음을 졸임. 또는 그렇게 졸이는 마음.

을 강요받으며 살아간다. 선택했다면 우직하게 밀고 나갈 줄 아는 끈기가 있어야 한다. 잘못된 선택이었다면 칼같이 바꿔야겠지만 그것은 내가 선택한 투자자산의 본질(本疾)이 변할 때 고민할 문제다. 가치와 관계없이 본질이 변하지 않았다면 그 선택을 잘못된 선택이라 단정 지을 수 없다.

진인사대천명이라 하였다. 결국, 인간의 노력이 반이요 하늘의 뜻이 반이다. 열심히 종잣돈을 모와 공부를 해서 투자했다고 성공이 보장되는 것은 아니다. 투자의 세계는 그렇게 냉정하다. 인간세계의 원리원칙대로 움직이지 않는 곳이 투자세계이다.

우리 민족은 시간의 중요성을 누구보다 일찍 일깨운 지혜로운 민족이다. 된장 고추장 김치 어느 하나 우리 전통 음식에 정성과 시간이 들어가지 않는 음식이 없다. 음식은 그 민족의 정신이다. 김치가 맛있게 익기 위해서 그리고 누군가가 한 분야의 장인(匠人)이 되기 위해서 시간이 필요하다. 다행인 것은 장인이 되기 위해서는 피나는 노력을 요구하지만 맛있는 김치가 되기 위해서는 그저 시간만 있으면 된다. 투자도 마찬가지다. 맛있는 김치를 기다리는 마음으로 우리가 투자한 종목에 충분한 시간을 주자 시간은 반드시 보상할 날이 올 것이다.

기회비용은
상대적 박탈감의 다른 이름이다

장기투자를 이야기할 때 반론으로 가장 많이 듣는 이야기가 기회비용을 날린다는 말이다.

일맥상 맞는 말이기도 하다. 하지만 나는 다른 의견을 가지고 있다. 대표적 경제학 개론서인 〈맨큐의 경제학〉[30]에 기회비용은 서론 1장 경제학의 기본원리 중에서도 가장 첫째로 다룸으로 경제학의 기본 중의 기본으로 인식되어 있다. 하지만 기회비용을 정의 내리기는 쉽지 않다.

문제점 중 하나는 대안(代案)의 일부는 사실 자체만으로 초래(招來)되는 비용이 아니라는 점, 둘째는 시간 비용을 누락(漏落)시킨다는 점이다.

즉 맨큐조차 기회비용에서 시간 비용을 계산하기 어렵다고 하였다.

단지, 맨큐는 "모든 일에는 대가가 있고 이에 올바른 의사결정을 위해서는 다른 대안을 선택할 경우의 득과 실을 따져볼 필요가 있다. 기회비용이란 어떤 선택을 하기 위해 포기한 모든 것을 의미한다."고 포괄적으로 설명했다.

필자의 생각에는 기회비용에서 결국 가장 중요한 것은 어떤 선택에 따른 포기한 것(대안)이 무엇인가를 명확(明確)히 정의(定義)를 내리고 계산하는 것이다.

대안이란 서로 상충(相沖)되는 것이면서 본질이 달라야 한다고 생각한다. 시간을 기회비용으로 계산하지 못하는 이유는 시간을 대체할 본질이 다른 대안을 찾을 수 없기 때문이다. 그리고 대안이란 선택하기 전에 상호 비교 가치가 있어야 한다. 왜냐하면, 기회비용은 결국 선택을 하기 전에 대안을 비교하는 것이기 때문이다.

즉, 필자의 소견으로는 기회비용에서 대안이란 본질이 달라야 하고, 선택하기 전에 상호 비교 가능한 것이어야 한다. 그러한 대안을 바탕으로 기회비용을 계산해야 한다. 즉 대안이 없는 기회비용은 있을 수 없다.

물론, 저명한 경제학자조차 정의 내리지 못한 기회비용이기에 반론이 있을 수 있다.

필자의 생각은 그렇기에 투자의 대안은 본질이 투자와 달라야 한다. 투자는 위험을 감수하고 수익을 극대화하는 과정이다. 그렇다면 투자의 본질은 위험의 감수(甘受)다. 위험을 감수하느냐 하지 않느냐 차이다.

투자에서 위험은 원금손실 위험을 의미한다. 그래서 투자의 대안은 원금손실의 위험이 없어야 한다. 가장 대표적인 예가 현금을 보유하는 것 또는 예·적금이 있겠다.

장기투자를 부정하는 사람들은 투자에서 기회비용을 이야기한다. 먼저 같은 투자자산 사이에는 필자의 소견으로는 근본적으로 대안관계는 성립하지 않는다고 본다. 단지 투자자산 중에도 그 성질을 달리하는 투자자산은 존재한다. 투자자산의 성질에 따라 크게 채권 주식 파생상품 현물투자로 나눠볼 수 있겠다.

채권 주식 파생상품 현물투자는 투자라는 본질은 같지만, 성질(性質)은 다르다. 성질이 다르기에 좁은 의미에서 대안이 될 수도 있다.

그렇다면 주식투자에 상장된 많은 기업 사이에는 대안관계가 성립할 수 있을까? 주식을 발행한 기업 자체의 성질이 다르므로 주식 사이에도 대안관계는 성립한다고 할 수 있다. 그렇기에 각 기업을 사업 자체를 비교하는 것은 대안이 될 수 있다. 즉 기업의 본질은 사업이다.

하지만, 주식시장에서 시세변동을 가져다주는 시간 사이에 대안관계가 성립될 수 있을까? 예를 들어 오늘 10% 오른 주식 A와 10% 떨어진 주식B 사이에는 어떤 본질이나 성질의 차이가 있는가? A주식과 B주식 사이는 대안관계가 성립하는가? 시세는 후행적 지표이다. 예를 들어 전날 미리 오늘 A주식과 B주식의 시세를 알고 비교할 수 있는가? 시세 창출에는 시간이 필요하다. 경제학자조차 시간을 기회비용으로 계산하지 못한다고 하였다.

대안이 될 수 없고 시간은 계산하는 것조차 불가능하다. 여기서 말하는 계산이란 예측 가능함을 의미한다.

즉, A와 B는 기회비용을 논할 수 있는 관계가 아니다.

하지만 장기투자를 부정하는 많은 투자자가 기회비용을 혼용(混用)해서 자신들의 투자를 합리화(合理化)하는 수단(手段)으로 사용하고 있다.

A와 B사를 바라보는 투자자의 관점은 기회비용의 관점이 아니다 그저 상대적 박탈감을 느낀 감정이 전부이다. 상대적 박탈감을 느끼는 부분은 충분히 이해한다. 인간이기 때문이다. 인간은 시기 질투의 감정을 품고 살아간다. 하지만 이러한 상대적 박탈감을 이겨내지 못하고 기회비용을 혼용해서 단기적 관점에서 수익만 좇는 투자를 한다면 어떻게 마음이 흔들리지 않을

수 있겠는가?

이번 장에서 논하고자 하는 것은 결국 어떤 투자방법의 시비(是非)를 가리고자 하는 것이 아니다. 어떤 투자자는 말한다. 결국, 방법이 중요한 것이 아니라 종국(終局)에 큰 수익을 내는 사람이 성공한 투자자라고. 이 말에도 일부 동의(同義)한다. 결국, 투자의 본질은 위험을 감수하고 더 높은 수익을 내는 것에 있다. 하지만 상대적 박탈감에서 나오는 감정을 기회비용으로 포장(包裝)하지는 않길 바란다.

투자자는 왜 마음이 흔들리는가? 상대적 박탈감 때문이다. 상대적 박탈감은 시기와 질투의 감정이다. 그리고 시기 질투는 스스로 의심하게 만든다. 성공적 투자를 위해서라도 투자에서 기회비용의 정의를 자기 나름대로 세워보기를 바란다.

자연의 순리와 투자

　　노자(老子)[31]에 의해 창시되고 장자(莊子)[32]에 의해 집대성된 노장사상(老莊思想)*의 근본 철학은 무위자연(無爲自然)**이다. 무위는 '도는 언제나 무위이지만 하지 않는 일이 없다(道常無爲而無不爲).'의 무위이고, 자연은 '하늘은 도를 본받고 도는 자연을 본받는다(天法道道法自然).'의 자연을 의미하는 것이다. 인위(人爲)적인 모든 것을 배척(排斥)한다는 의미다.

　　〈장자〉 소요유(逍遙游) 편에는 다음과 같은 구절(句節)이 나온다.

---

* 　무위자연을 도덕의 표준으로 하며, 허무를 우주의 근원으로 삼는 노자(老子)와 장자(莊子)의 사상.

** 　사람의 힘을 들이지 않은 본디 그대로의 자연.

천지자연에 몸을 맡기고 만물의 육기(六氣)*에 따라 무궁한 세계에서 소요할 수 있는 사람이라야 어떤 것에도 사로잡히지 않는 참다운 자유의 존재인 것이다.

"지인은 자신을 고집하지 않고 신인은 공적을 생각지 않고 성인은 명성에 관심이 없다,"

라고 한 말은 그것을 가리킨 것이다.

흔히 얽매이지 않았을 때 참다운 자유를 얻는다고 한다. 투자할 때 우리는 자유를 얻어야 한다. 자유란 투자가 우리의 삶을 잠식(蠶食)하지 않는 상태. 투자가 우리의 삶을 잠식하지 않고 내가 투자를 제어하기 위해서는 마음의 변화가 없어야 한다.

기뻐하는가 하면 어느덧 성을 내고 슬퍼하는가 하면 어느덧 즐거워하는 것과 같은 인간 심리의 모든 형상은 대관절 무엇으로부터 기인하는 것일까. 우리들의 심리는 빈 것에서 울려 나오는 소리나 습기 찬 땅에서 생겨나는 곰팡이처럼 끊임없이 변하고 있지만, 무엇이 그 궁극의 원인인지는 알지 못한다. 그렇지만 아침저녁으로 마음이 변하는 것을 보면, 역시

---

* 중국 철학에서, 천지간의 여섯 가지 기운《음(陰)·양(陽)·풍(風)·우(雨)·회(晦)·명(明)》.

무엇인가가 마음을 움직이고 있는 것이리라.

누군가는 이렇게 말한다.

"바깥 사물이 존재하지 않으면, 자기라고 하는 의식은 생겨나지 않는다. 따라서 마음의 변화란 바깥 사물과 자기와의 교섭(交涉)으로 자기 내부에서 생겨나는 것이다."

이 말은 일면 타당하나 아직 그것으로 충분하다고는 할 수 없다. 왜냐하면, 그 말에 따른다 해도 심적 기능의 근원에 대한 해답은 얻어지지 않기 때문이다.

인간에게 심적인 기능이 부여되어있는 이상, 부여한 그 무엇이 틀림없이 존재할 것이다. 즉 '참다운 주재자'의 존재를 전제해야 한다. 그러나 그 존재를 명시할 수는 없다.

사람의 몸뚱이를 보더라도 같은 말을 할 수가 있다. 인체에는 백 개나 되는 뼈마디와 아홉 개의 구멍, 여섯 개의 창자가 갖추어져 있다. 그러나 나는 무엇에 의해 이것들을 지배하고 있는 것일까. 그 전부를 사랑할 수도 없고, 그 어느 하나만을 특별히 돌보아 줄 수도 없는 것을 보면 그것들은 모두 나를 섬기는 종이 아닌가.

그러나 주재자가 없으면 몸은 몸으로서의 덩어리를 유지할 수가 없다. 그렇다고 해서 그것들이 주재자가 되고 종이 되어 서로 번갈아 가며 지배하는 것은 아닐 것이다.

역시 우리들의 지각을 초월해 존재하는 진군이 우리 몸을 통괄한다고 생각해야만 설명이 된다. 그러나 우리가 그것을 알고 있든 모르고, 있든 인체가 하나의 통일을 이루고 있다는 사실만은 명확하다.

자연의 섭리는 자연스러운 변화다. 자연은 인위적이지 않다. 우리나라의 경우 사계절이 오지만 인위적으로 계절을 구분 지을 수 없다. 마치 우리가 봄 여름 가을 겨울이라는 명칭을 두고 있지만, 계절이란 우리가 알아차리지 못한 어느 순간 와있을 뿐 딱 잘라 봄과 여름 가을과 겨울의 경계를 무 자르듯 구분(區分)할 수 없다는 의미다. 농부들은 자연의 섭리에 순응하면서 살아간다. 수확은 투자에 있어 수익과 같다고 하겠다. 농부들은 그저 씨를 심고 거름을 주어 가꿀 뿐 수확이라는 결과는 하늘에 맡긴다. 그리고 초조해하거나 닦달하지 않는다. 시간이 흐르면 결국 벼는 고개를 숙이게 된다. 과수를 재배하는 농부는 꽃봉오리에 왜 옆 꽃봉오리는 꽃을 피웠는데 너는 아직도 꽃을 피우지 못하였냐고 따져 묻지 않는다.

우리는 눈치채지 못하지만, 자연은 서서히 변해간다. 겨울에 여름이 오길 기다리는 사람들이 그저 겨울 봄이 지나길 기다릴 뿐 매일매일 계절을 계산하지 않는다.

장기투자란 마치 자연의 섭리와 같다. 변화가 서서히 일어나고 때로는 변하지 않는다고 보이는 순간에도 변화는 존재한다. 우리가 알아차리지 못할 뿐이다. 여기서 우리가 자연의 변화를 재고 따지지 않고 기다릴 수 있는 근본은 무엇인가? 계절의 변화는 지구의 공전에서 온다고 한다. 하지만 우리는 우주의 공존과 교섭하지 않는다. 그렇기에 우리는 그저 계절의 변화를 기다릴 뿐이다. 오늘 지구가 태양계 행성을 몇 미터 이동하였는지 알려고 하지 않는 것과 같다. 하지만 투자자 대부분은 지나치게 투자자산의 순간 변화에 민감하게 대응한다. '마음의 변화란 바깥 사물과 자기와의 교섭으로 자기 내부에서 생겨나는 것이다.'라고 하였다. 장기투자를 하였다면 본질이 변하지 않는 이상 지나치게 자주 살펴볼 필요가 없다. 자주 보면 볼수록 결국 마음의 변화만 초래할 뿐이다.

농부는 3월에 벼 심어 10월에 수확한다. 최소 6개월이 소요되는 것이다. 은행 이자는 말할 것도 없다. 은행 이자가 들어오는지 안 들어오는지 매일 확인하는 사람들은 없을 것이다. 하지만 주식투자를 하는 투자자들은 매일 조금의 변화에 마음이 흔들리고 초조해하며 조바심을 낸다. 매일 들여다보기 때문이다.

결국, 우리의 마음이 흔들리는 이유는 사물을 자연의 섭리대로 바라보지 않고 인위적 조작을 통해 조절하고자 하기 때문이다. 하지만 이러한 노력은 헛된 수고로움이 되는 경우가 많다.

마음이 흔들리지 않기 위해서는 사물과 멀리하면 멀리할수록 좋다. 필자가 매일 주식시장을 보지 않는 이유이기도 하다.

빼앗긴 들에도
봄은 오는가?

필자의 고향은 대구다. 많은 이들이 '대프리카[33]'라고 부르는 동네다. 무더운 만큼 사람들 성격도 급하다. 이것은 흉이 아니다. 열정적이란 의미다. 필자 역시 20대에 누구보다 성격은 급했고 고집은 황소 같았다. 현재 서울에 살고 있지만, 지금도 대구가 늘 그립다. 서울처럼 마천루(摩天樓)도 없고 화려하지도 않지만 친근하게 대구 사투리로 날 맞아주는 인정 많은 가족과 이웃이 그립고 매일 큰 꿈을 품고 걸어 다녔던 거리거리가 그립다. 시장에 가면 늘 국밥 한 그릇에 밥 한 공기 추가로 주던 그 이모님의 인정이 그립다. 그리고 지금은 볼 수 없는 친구 그 친구가 너무나 너무나 보고 싶다.

필자는 시를 좋아한다. 함축된 단어의 힘을 좋아하고 시대를 반영하는 힘을 좋아한다. 대구를 대표하는 많은 시인이 있겠지만 걸출한 시인 두 명을 소개하고자 한다.

한 명은 민족시인 이상화[34]이고 또 한 명은 음유시인(吟遊詩人) 김광석[35]이다. 노래는 누가 뭐래도 필자에게 시이다.

투자자들에게 이런 질문을 자주 듣는다. "장기투자 말은 쉬운데 언제까지 기다려야 하는가?" 나라 잃은 우리 민족은 나라를 되찾는데 36년이란 시간이 걸렸다. 워런 버핏은 그 시간보다 더 오랜 시간 보유하고 있는 주식이 있다. 나라 잃은 민족에게 희망을 노래한 시 그것이 바로 이상화 시인의 '빼앗긴 들에도 봄은 오는가'이다. 시인은 결국 말하고 싶었을 것이다. 봄은 온다고.

빼앗긴 들에도 봄은 오는가 - 이상화

지금은 남의 땅 - 빼앗긴 들에도 봄은 오는가?

나는 온몸에 햇살을 받고
푸른 하늘 푸른 들이 맞붙은 곳으로
가르마 같은 논길을 따라 꿈속을 가듯 걸어만 간다.

입술을 다문 하늘아 들아

내 맘에는 나 혼자 온 것 같지를 않구나

네가 끌었느냐 누가 부르더냐 답답워라 말을 해 다오.

바람은 내 귀에 속삭이며

한 자욱도 섰지 마라 옷자락을 흔들고

종다리는 울타리 너머 아씨같이 구름 뒤에서 반갑다 웃네.

고맙게 잘 자란 보리밭아

간밤 자정이 넘어 내리던 고운 비로

너는 삼단 같은 머리를 감았구나 내 머리조차 가뿐하다.

혼자라도 기쁘게나 가자

마른 논을 안고 도는 착한 도랑이

젖먹이 달래는 노래를 하고 제 혼자 어깨춤만 추고 가네

나비 제비야 깝치지 마라.

맨드라미 들마꽃에도 인사를 해야지

아주까리기름을 바른 지심매던 그 들이라 다 보고 싶다.

내 손에 호미를 쥐어 다오

살진 젖가슴 같은 부드러운 이 흙을
발목이 시도록 밟아도 보고 좋은 땀조차 흘리고 싶다.

강가에 나온 아이와 같이
짬도 모르고 끝도 없이 닫는 내혼아
무엇을 찾느냐 어디로 가느냐 우스웁다 답을 하려무나.

나는 온몸에 풋내를 띠고
푸른 웃음 푸른 설움이 어울러진 사이로
다리를 절며 하루를 걷는다 아마도 봄 신령이 지폈나 보다.

그러나 지금은 - 들을 빼앗겨 봄조차 빼앗기겠네.

이 시를 보면 문학의 위대함을 느끼게 된다. 누군가는 순응
하고 글을 입신양명(立身揚名)*하기 위한 도구로 사용했지만, 또
다른 누군가는 글로서 민중들에게 위안과 용기를 주었다. 필자
도 이 책을 통해 독자분들에게 용기와 희망을 주고 싶다.

---

* 출세해서 세상에 이름을 들날림.

이상화 시인의 봄은 매년 오는 봄이 아니다. 그리고 주기적으로 오는 봄도 아니다. 그래서 보통 봄과 다르게 더 오랜 기다림이 필요했다.

지금 대한민국(大韓民國)은 봄을 지나 뜨거운 여름을 보내고 있다. 세종대왕 시기를 우리 민족의 첫 번째 전성기라면 지금이 두 번째 전성기라 하겠다. 한 민족의 전성기는 영토의 크기보다 문화적 유산을 살펴봐야 한다. 세종대왕 시기 한글 창제와 과학 발전은 어느 때보다 찬란한 역사였다. 지금 우리나라는 세계로 뻗어가는 'K-POP'으로 대표되는 문화와 'K-방역' 등 선진 국가시스템 그리고 성숙한 시민의식으로 전 세계 문화를 주도하고 있다. 우리 민족 5,000년사를 되돌아봐도 지금 같은 전성기를 찾기 힘들 것이다. 하지만 어두운 면도 있다. 조국(祖國)을 '헬조선'이라 부르는 젊은이들도 많다. 그들을 품고 희망과 기회를 줄 것이냐 말 것이냐 하는 문제는 선택이 아니라 필수적이다. 대한민국은 더 큰 세계 선도국가로 나가느냐 마느냐 하는 기로(岐路)에 서 있는 것이다.

장기투자자 여러분에게 당부하고 싶다. 봄은 반드시 온다고 그리고 봄이 지나면 뜨거운 여름도 올 것이고 풍성한 가을도 올 것이라고. 그러니 주변의 유혹에 신경 쓰지 말라. 혹자는 이상화 시인을 글을 보고 조롱 섞인 말투로 봄은 절대 오지 않는다고 말했을 것이다.

하지만 결국 봄은 왔다. 빼앗긴 들에도 봄은 왔다.

마지막으로 용기와 희망을 찾는 독자들에게 음유시인 김광석의 '바람이 불어오는 곳'이라는 노래의 한 소절을 소개하며 이번 장을 마치고자 한다.

바람이 불어오는 곳 - *김광석*

바람에 내 몸 맡기고 그곳으로 가네

출렁이는 파도에 흔들려도 수평선을 바라보며

햇살이 웃고 있는 곳 그곳으로 가네

Part 3

성인(聖人)에게서
배움을 얻다

이번 장은 인문학을 공부하면서 독자들 특히 투자자에게 교훈이 될 만한 장면을 저 나름의 방법으로 해석하여 기술하였다. 해석이나 견해의 차이는 다소 존재할 수 있기에 읽기 불편하시더라도 너그러운 마음으로 받아들여 주셨으면 합니다.

중용 제2장
시중장(時中章) 中

君子而時中

군자이시중

小人而無忌憚

소인이무기탄

해석하면 '군자는 때를 알고 언행을 하고 소인은 어떠한 행동에도 거리낌이 없다.'라는 의미이다.

이는 다시 말하면 군자는 신중하고 소인은 신중하지 못하다는 말과 일맥상통한다.

투자자에 있어서도 성공한 투자자와 실패한 투자자는 극명하게 갈리는 부분이 바로 이런 부분이다.

우리는 중국 고전에서 강태공*을 이야기할 때 시간을 낭비하였다고 하지 않는다. 이는 강태공이 낚시터에서 바늘이 없는 낚싯대를 던지며 시간을 낭비한 것처럼 보이지만 강태공은 때를 기다린 것이다.

3장에서 설명했듯이 경제학에 나오는 기회비용을 혼용하는 투자자가 많다.

그들은 단기적 관점에서 투자수익률을 높이기 위해 잦은 매매를 하며 그 핑계로 기회비용을 이야기한다.

"움직이지 않는 종목을 매매하는 행위는 기회비용을 잃는 행위이다."

그럴듯한 표현이다

하지만 경제학에서 말하는 기회비용이란 어떤 선택을 하기 위해 포기한 모든 것을 의미한다.

어떤 의사결정을 할 때 올바른 결정을 내리기 위해서는 가능한 모든 선택에 대한 대안을 정확하게 아는 것이 중요하다.

하지만 기회비용에서 여러 대안은 예상범위 안에 존재해야 한다. 그러한 정해진 대안을 상호 비교하여 선택하는 것이 기회

---

* 중국 주(周)나라의 재상 '여상(呂尙)'의 속칭인 '태공망(太公望)'에서 유래한 말. 낚시꾼.

비용을 줄이는 행위이다.

하지만 투자에 있어서 수익이란 예측 가능하지 않고 후행적이다.

즉 기회비용의 결과를 알기 위해서는 미래를 내다볼 수 있어야 한다는 전제가 있다.

예를 들어 전일 A종목과 B종목이 있었다. A종목은 전날 횡보(橫步)하였고 B종목은 다음날 급등(急騰)하였다. A종목을 보유하고 있는 사람은 B종목을 보유하지 않기 때문에 기회비용을 잃은 것인가?

여기서 중요한 것은 전날 A종목과 B종목의 움직임을 예측할 수 있는 사람은 아무도 없다는 것이다. 즉 A종목과 B종목 간 기회비용은 결과론적이란 말이다.

경제학에서 기회비용을 설명할 때는 다음과 같은 사례가 많이 제시된다.

연봉 3,600만원을 벌던 A가 회사를 퇴사하고 연 5%의 적금 1억원을 해약하여 1억원으로 라면집을 차렸다. 그리고 라면집에서 매달 평균 700만원의 순이익을 얻고 있다. 이때 A의 기회비용은 얼마인가?

여기서 A의 기회비용은 라면집에서 1년간 순수익 8,400만원에서 포기한 자신의 연봉 3,600만원과 1억원의 이자수익 500만원을 제외한 4,200만원이 된다. A는 합리적 선택을 한 것이다.

물론, 위의 예에도 변수란 존재한다. 예를 들면 COVID-19 같은 급작스러운 재난(災難)에 의해 사업수익에 큰 변동성이 생길 수 있고, 고정적인 사업수익을 보장하는 사업이란 없다. 그래서 경제학에서 말하는 기회비용도 맹점(盲點)이 존재한다. 하지만 대안 A와 B 사이에는 정해진 예상치가 있어서 비교할 수 있다. 하지만 주식투자에서 당일 수익률에는 예상치가 없다. 만약 예측 가능하다면 이 비법을 아는 사람은 세계에서 가장 큰 부자가 되어있을 것이다.

설령 억지로 대안관계를 설정한다고 하더라도 상장된 모든 주식을 대상으로 하면 대안이 너무 많다 보니 비교하는 데 너무나 많은 에너지가 소비된다.

그러니 신중하게 선택했다면 흔들리지 말고 그 결과에 도달할 때까지 인내하는 투자가 올바른 투자가 아닐까 생각해본다.

투자자는 신중해야지 뇌동매매해선 안 된다는 것이다.

중용 제8장
회지위인장(回之爲人章) 中

子曰 回之爲人也 擇乎中庸 得一善

자왈 회지위인야 택호중용, 득일선,

則拳拳服膺 而弗失之矣

즉권권복응 이불실지의

　공자(孔子)[36]는 자신의 제자였던 안회(顏回)[37]를 끔찍하게 사랑하였다.

　공자가 안회가 먼저 사망하자 그의 집에 가서 곡을 하였는데 감정이 복받쳐 흐느껴 울었다. 이에 제자들이 당황하여 스승께서 진짜로 흐느껴 우신다고 말하자 공자는 "내가 저 사람을 위해 흐느끼지 않는다면 누굴 위해 흐느끼리오."라고 땅을 치며 통곡하였다고 한다.

논어에는 공자의 제자 중 2명이 주로 등장하는데 한 명이 안회이고 또 한 명이 자공(子貢)[38]이다.

공자와 자공은 9살 아래로 자공에게 공자는 형 같은 스승이었고 안회는 30살 아래로 안회에게 공자는 아버지 같은 스승이었다.

한 날 공자는 자공에게 "안회와 자공 너희 둘 중 누가 더 나으냐?"고 물었다고 한다. 이에 자공이 답하길 "스승님 저는 안회에 미치지 못합니다. 안회는 하나를 들으면 열을 알지만 저는 하나를 들으면 둘을 알 뿐입니다."고 대답하였다.

안회를 문일지십(聞一知十)* 자공 자신을 문일지이(聞一知二)[39]라고 말하며 안회를 한껏 높여주면서도 자신 역시 보통 사람보다는 뛰어나다고 스승에게 은근히 자랑한 것이다. 이에 공자는 대답하였다.

"그렇다, 너는 안회만 못하다. 그러나 나 또한 너와 마찬가지로 안회만 못하다."

공자는 자신보다 30살 아래인 안회를 인정하며 다음과 같은 말을 덧붙인다.

"안회는 그 마음이 석 달 줄곧 인(仁)을 어기는 법이 없다. 석

---

* 한 가지를 들으면 열을 미루어 앎.

달이 지나도 날이면 날마다 달이면 달마다 인(仁)한 채로 흘러갈 뿐이다. 세상 사람들이 모두 내가 지혜롭다고 말하는데 나는 중용을 택하고 지키려고 노력해도 불과 만 1개월을 지켜내지 못하는구나."라며 자신의 부덕함을 고백한 것이다.

이 구절을 읽으면서 과연 '인(仁)이란 무엇인가?'라고 생각하게 되었다.

인이란 자질이자 규범이다. 자질이란 타고난 것이지만 습관이라 고칠 수 있는 것이며, 규범 역시 배움으로 깨닫는 것이다. 그리고 공자는 말한다. 인을 아는 것에 그치지 않고 꾸준히 실천하는 것이 중요하다고.

투자에도 인이 존재하는가?

투자의 인을 알고 이를 계속 실천한다면 과거의 실패도 바로잡을 수 있다.

투자자에게 인은 무엇인가?

이 고민을 하던 중 필자는 세상에서 가장 성공한 투자자인 워런 버핏과 관련된 몇몇 저서들을 되짚어 보았다.

어떻게 워런 버핏은 한화 약 80조원의 자산가가 되었음에도 맨해튼의 월스트리트가 아닌 오마하라는 외진 곳에서 50년도

더 된 주택에 살면서 매일 맥도날드 햄버거와 코카콜라를 먹는 것을 자랑스럽게 말하며 이를 습관화시킨 것인가? 왜 수없이 많은 성공한 사업가들의 전유물인 슈퍼카(supercar), 고가의 미술품, 호화대저택, 화려한 식단을 거부한 채 살아갈 수 있는 것인가?

물론, 버핏 자신도 머니볼을 통해 전용기를 소유하고 있다는 점을 밝혔다. 하지만 이는 오로지 사업 용도이며 시간을 절약하기 위해 구매하였음을 밝혔다.

아마도 워런 버핏은 미국의 최악의 금융위기인 대공항 시기의 영향이 채 끝나기 전 태어났으며 제2차 세계 대전이라는 전시상황을 거치면서 어릴 적부터 타고난 근검절약 정신이 뿌리박혀 있었기 때문일 것이다. 이는 그의 저서 곳곳에 잘 묻어나 있다.

워런 버핏이 장기투자로 성공한 이면에는 근검절약으로 이미 어린 나이에 큰 종잣돈을 모을 수 있었기 때문이었다.

우리는 관련 저서를 읽으면서도 성공비결을 다른 곳에서 찾지는 않았는가? 책에 나와 있는 그의 성공 요인의 본질을 우리는 무시한 것은 아닐까?

만약, 투자자가 늘 돈 쓸 궁리만 하고 투자에서 돈 벌어서 뭘 살까? 이런 고민만 한다면 어떻게 될까?

이에 대한 제시 리버모어[40]는 이렇게 말했다.

"일반적으로 우리 인간은 자신이 처한 상황에 너무 빨리 적응하는 바람에 넓게 조망하는 시야를 잃어버린다. 달라진 점을 크게 느끼지 못한다는 말이다. 즉 백만장자가 되고 난 뒤에는 그 이전에 자신이 어떻게 느꼈는지 생생하게 기억하지 못한다. 단지 지금은 할 수 있는데 예전에는 할 수 없었던 게 있었구나 하고 떠올릴 뿐이다. 그리 나이가 많지 않은 보통 사람은 가난했던 시절의 습관을 잊는 데 오랜 시간이 걸리지 않는다. 부자로 지냈던 시절을 잊는 데는 조금 더 긴 시간이 필요하다. 이렇게 되는 이유는 돈이라는 게 필요를 만들어내고 스스로 증식하려고 하기 때문인 것 같다. 내 말은 주식시장에서 돈을 벌게 되면 눈 깜짝할 사이에 절약하는 습관을 잊고 만다는 것이다. 그런데 돈을 날린 뒤에 이전의 낭비하던 습관을 버리는 데는 긴 시간이 필요하다."

우리는 일반적인 사람을 초월한 사람들은 현자 또는 성인이라 부른다.

우리는 워런 버핏을 오마하의 현인이라 부른다. 워런 버핏이 현인이라 불리는 이유는 무엇인가? 그의 눈부신 성과 때문인가? 그의 수익률 그가 이뤄놓은 자산 때문인가? 필자는 그렇게 생각지 않는다. 그는 극한의 감정조절이 필요한 투자세계에서 성공과 실패를 맛본 최고의 투기꾼이 말한 보통 인간의 상식을 뛰어넘는 인(仁)을 가지고 있으며 이를 평생 지켜왔기 때문이다.

필자 역시 지난 실패를 되돌아보면 단기간의 화려했던 투자 수익에 들떠 세상을 다 가진 것처럼 돈을 물보다 헤프게 사용하고 돈 쓰는 재미가 들다 보니 계속 돈을 갈망하게 되고 단기간의 수익에 집착하게 되고 그러한 단기 수익을 얻기 위해 원칙을 지키지 못하고 투자가 투기로 변질되었던 것 같다. 그리고 이미 커진 소비를 바로잡는 것은 너무나 고통스러웠고 투자를 하고 돈을 벌어도 늘 원금은 제자리걸음을 벗어나지 못했다. 적지 않은 수익을 넘어선 카드대금과 차량유지비 설상가상으로 투자손실까지 덮쳐오면서 극단적 투자를 진행하고 실패를 반복해 왔다.

그렇게 워런 버핏 관련 책을 읽고 다른 수없이 많은 유명 투자자들의 책을 읽으면서 노력해 왔는데 왜 실패할까? 늘 고민했던 것들을 필자는 인문학을 통해 깨닫게 되고 스스로 체질 개선 할 것을 결심하였다.

필자를 알던 주변 사람들은 화려한 예전의 외적 모습만 기억한다. 하지만 지금은 누구보다 처절하게 생존에 필요한 최소한의 소비만으로 삶을 영위(營爲)하고 있다. 이것은 과거 실책에 대한 처벌이자 채찍질이면서, 인(仁)을 알고 실천해 나가는 처절한 수행을 하는 것이다.

그리고 책 집필을 결심했다. 필자와 같은 경험을 하는 수없이 많은 투자자에게 투자의 근본적인 본질을 알려주고 싶었기 때문이다.

안회에게 있어 인(仁)이란 인간 자질의 근본 가장 인간다움을 지키는 것이다.

그렇다면 투자자에게 있어 최고의 인(仁)은 무엇인가? 그것은 근검절약(勤儉節約)이다. 모든 사람에게 적용되는 것은 아니다. 인(仁)이란 상황에 따라 다르게 적용되는 것이기도 하다.

투자자에게 인이란 곧 근검과 절약이다. 사업가에게 인이란 근면과 성실이다. 그리고 공직자에게 맞는 인이란 겸손과 절제 하는 것 즉 과유불급의 원칙을 아는 것이다. 이것이 내가 중용을 읽고 내린 결론이다. 이를 정리하면 다음과 같다.

투자자에게 인이란 근검과 절약

사업가에게 인이란 근면과 성실

공직자에게 인이란 겸손과 절제

필자는 투자자이면서 공직자이다. 그렇기에 늘 마음속에 근검과 절약 겸손과 절제를 마음속에 품고 평생을 살아가야 한다.

이러한 원칙을 세우고 실천하기로 결심한 시점이 35살 때였으니 처음 투자를 공부하고 15년이 지난 이후에야 이립(而立)*의 경지에 오른 것이다. 물론 이를 실천하여 앞으로 나아갈 것인가 예전처럼 돌아가 흘러갈 것인가 하는 것은 40~50년 후 결정날 일이다.

책이란 많은 역할을 하지만 가장 큰 역할은 시도하지 않았으며 그렇기에 실패하지 않은 사람들이 시도하여 실패한 타인의 경험을 통해 실패를 줄이게 해준다는 점에 있고 필자의 집필 의도도 이와 같다. 영웅담 같은 수익률과 눈앞에 보이는 자산으로 타인을 현혹할 순 있겠지만, 그것은 신기루(蜃氣樓)에 불과하다.

투자의 본질에 대해 꿰뚫어 보았다고 개인적으로 평가하는 제시 리버모어 역시 투자실패에 따른 자살로 삶을 마감하였다. 하지만 그 역시 보통 사람은 뛰어넘었던 것 같다. 그는 자신의 유족을 위해 손댈 수 없는 신탁자산을 만들었으며 이로 인해 가장으로서 최소한의 책임을 다했으니 말이다. 그러한 장치를

---

* 공자가 서른 살에 자립한 데서, 30세의 이칭.

준비하면서 자신의 실패 가능성을 늘 염두에 두었던 것이 아닌가 생각해본다.

그렇다 투자자는 늘 자신의 투자실패를 염두에 두어야 한다. 그래서 쉽게 씀씀이를 늘리면 안 된다. 투자세계에서 은퇴하고 난 다음에 자산규모에 맞게 소비하는 것을 말리고 싶지 않다. 하지만, 투자하는 지금 당장은 그 시기가 아니라는 것이다. 그리고 누군가에게 투자에 대해 배우고 싶은가? 그렇다면 SNS에 화려한 스포츠카나 명품사진을 자랑하는 이에게는 절대로 접근하지 말라고 당부하고 싶다.

그들은 대부분 사기꾼이다. 가까운 예로 청담동 주식 부자 사건을 들 수 있겠다.

행색이나 타고 다니는 차가 볼품없더라도 원칙이 철저하고 꾸준히 지키는 투자자에게 배움을 청하고 그들의 삶의 방식을 배워보라. 그렇다면 당신은 분명 많은 것을 실패 없이 배울 것이다.

중용 제14장
불원불우장(不怨不尤章) 中

而不求於人, 則無怨. 上不怨天, 下不尤人.

이불구어인 즉무원. 상불원천, 하불우인.

故君子居易以俟命, 小人行險以徼幸.

고군자거이이사명, 소인행험이요행

子曰: "射有似乎君子, 失諸正鵠, 反求諸其身."

자왈: "사유사호군자, 실저정곡, 반구저기신."

　해석하면 군자는 타인에게 나의 삶의 상황의 원인을 구하지 아니하니 원망이 있을 수 없다. 위로는 하늘을 원망치 아니하며, 아래로는 사람을 허물치 아니한다.

　그러므로 군자는 평이한 현실에 거하면서 천명을 기다리고, 소인은 위험한 짓을 감행하면서 요행을 바란다. 공자 왈 "활쏘

기는 군자의 덕성과 유사함이 있으니, 활을 쏘아 과녁을 벗어나더라도 오히려 그 이유를 자기 몸에서 구한다."

필자는 중용에서 이 구절을 발견하고 지금까지 마음속 차 있던 응어리가 눈 녹듯이 사라지는 기이한 경험을 하였다.

늘 투자에 임하면서 타이밍이 좋지 못하거나 대내외(對內外) 돌발변수가 발생하여 투자손실이 발생하거나 예상치 못한 불행이 닥쳐올 때 늘 신이나 하늘을 원망하였다.

그러다 보니 투자를 하면서 많은 징크스가 생기고 미신을 믿게 되고 투자를 하는데 이성적인 접근보다는 감성적인 접근에 몰두하기도 하였다.

필자는 아직도 집안에 관우⁴¹⁾상을 모시고 때때로 돈도 올리고 부를 기원한다.

관우는 중국에서 재물(財物)신으로 추앙받고 있다. 필자는 어린 시절부터 〈삼국지⁴²⁾〉를 10여 차례 넘게 읽으면서 관우라는 사람의 매력에 푹 빠진 적이 있었다. 하지만 시간이 흐르면서 관우라는 인물을 평가하는 관점(觀點)은 차츰 변했었다. 처음 관우는 만인지적⁴³⁾의 장수이자 충신(忠臣)이었다. 하지만 말년의 관우는 오만*하고 자만**에 빠져 거사(巨事)를 그르치는 모습을 보이게 된다.

---

* 건방지고 거만함.
** 자신이나 자신과 관계가 있는 것을 스스로 뽐내며 자랑하여 거만하게 굶.

행운을 가져다준다고 하여 집에 그 동상을 모시고 있지만, 관우에게 한마디 따끔하게 충고하고 싶은 것이 있다.

"관우여 어찌 오만과 자만으로 인정을 베풀지 못하여 대의를 그르쳤는가? 모든 것은 스스로 과오(過誤)임을 잊지 말게나."

인간 관우는 필자에게 크나큰 가르침을 주는 존재다. 만인 지적의 힘을 가졌다고 당대 경외심과 존경을 받았을 때 자신을 낮추고 인덕으로 남을 대했다면 비참한 말로를 맞이하였을까?

결국, 관우는 부하의 배신으로 자신이 지배하던 넓은 토지를 잃고 적국에 사로잡혀 참수*형을 당하여 머리와 몸이 분리되어 묻히게 된다.

이에 반해 워런 버핏은 인덕을 실천하고 있다. 부자임에도 부자증세를 이야기하고, 미국의 주식시장이 흔들릴 때 그는 늘 시장에 구원자 같은 역할을 해주었다. 재산 대다수를 사회에 환원하기로 한 약속도 지켜나가고 있다.

그뿐 아니라 워런 버핏은 자신의 실수를 인정하고 그것을 밝히는 것에 거리낌이 없다. 그것은 그가 자신의 회사 버크셔 해서웨이의 주주들에게 보낸 서신을 보면 잘 알 수 있다. 공자는 언행에 거리낌이 없는 사람을 소인이라고 하였지만, 스스로 과

---

* 목을 벰.

오(過誤)를 거리낌 없이 밝히는 사람이야말로 진정한 군자라고 도 하였다.

관우는 전쟁과 재물의 신으로 사후 황제의 자리에 올랐지만, 군자 즉, 성인의 반열에는 오르지 못하였다.

관우상을 집에 두는 이유는 그가 재물신이기 때문이 아니라 그의 삶을 기억하고 그의 실수를 반면교사 삼겠다는 다짐 때문이다.

고백하자면 필자가 가진 수없이 많은 징크스와 신앙 이것은 과오(過誤)를 가리기 위한 얇은 수법에 불과했다.

그렇다. 모든 투자의 실패 원인은 본인 스스로에 있다. 그리고 잘못된 습관에서 원인을 찾아야 한다. 외부에서 실패의 원인을 찾다 보면 "단지 운이 없었다."는 결과(缺課)를 도출(導出)할 수밖에 없고 다시 같은 실수를 반복할 뿐이다.

바둑*에 있어 가장 아름다운 장면은 묘수(妙手)**가 나올 때 찰나(刹那)의 짜릿함이 아니다. 경기가 끝나고 패자는 패배의 원인을 복기(復碁)***하고 그 복기를 승자가 도와주는 것 즉 승패가 갈

---

* 흑백의 돌을 하나씩 바둑판에 번갈아 두어 가며 서로 에워싸서 집을 많이 차지함을 다투는 놀이.
** 바둑·장기에서, 생각해 내기 힘든 좋은 수.
*** 바둑에서, 한 번 두고 난 바둑의 경과를 검토하기 위해 두었던 대로 처음부터 놓아 봄.

린 가운데 승자와 패자의 아름다운 논의(論議)가 있기에 그 가치가 높다 하겠다.

최근 인공지능(AI) 바둑 프로그램 알파고[44)]에 의해 세계최강의 바둑기사들이 힘없이 패배하는 장면을 보고 바둑도 인간이 기계에 잠식(蠶食)당한다고 생각하는 사람들이 많아졌다. 하지만 바둑이 인간에서 주는 정신적 유산은 단지 바둑의 승패를 따지는 것이 아니라고 생각한다.

바둑에는 오랜 기간 축적된 인간의 지혜와 교훈이 깃들여져 있다.

프로기사에게 바둑의 승패는 무엇보다 중요하지만, 우리 인류에게 바둑은 승패를 떠나 그 존재만으로 인간이 보편적(普遍的)으로 추구해야 가치(價値)와 혼(魂)이 깃들여져 있다고 생각한다.

그런 면에서 최근 점점 대국 시간이 짧아지는 바둑계의 변화는 관람자 입장에서 덜 지겹긴 하겠지만 오로지 승패를 가리기 위한 바둑을 두는 것 같아 아쉽기도 하다.

'군자는 평이한 현실에서 거하면서 천명을 기다리고 소인은 위험한 짓을 감행하면서 요행을 바란다.'

바둑 이야기를 잠시 할까 한다.

바둑에서 하수를 상대로 자신의 단수를 속이고 바둑을 두면서 하수들이 모르는 꼼수*를 쓰면서 이기고 쾌락(快樂)을 느끼는 부류의 사람들이 의외로 많다. 필자 역시 바둑을 배우면서 수없이 많은 인생 선배들의 꼼수에 당하면서 이를 갈고 또 스스로 바둑을 공부했던 기억이 난다. 하지만 이러한 꼼수는 하수에게나 통하는 법이다. 꼼수는 상수에게는 통하지 않는다. 오히려 꼼수는 악수가 되어 패배의 부메랑이 되어 돌아온다. 이렇듯 소인배는 꼼수를 부르듯 위험한 요행을 바라는 행동을 서슴지 않는다. 투자의 세계에서도 마찬가지다. 수없이 많은 기법을 인간이 사용하면서 하루에도 여러 차례 주식거래를 하는 투자자들이나 기업의 가치나 자신이 투자하는 기업에 대하여 제대로 알지 못하고 수익을 보겠다고 투자하는 행위는 명백하게 꼼수이며 요행을 바라는 행동이다.

물론 결과가 중요하다고 항변(抗卞)하는 사람들도 있고 투자는 기업의 내재가치보다는 시장 주변 환경에 의해 가격이 결정된다고 주장하는 사람도 있다. 필자는 그런 주장이 잘못되었다고는 말하고 싶지 않다. 완벽하게 올바른 방식은 없다. 특히 동

---

* 쩨쩨한 수단이나 방법.

양사상을 공부하는 과정에서 성인들은 선(善)과 악(惡)을 명확하게 구분 짓지 않는다. 실상 군자와 소인으로 대변되지만, 공자도 인정한다. 이 세상에 군자란 인간이 지향하여야 할 이상향적 인간상이며, 실상 이 세상에 존재하는 모든 사람이 소인이다. 심지어 공자는 스스로 소인으로 낮춰 말하면서 "나는 인(仁)을 10일 이상 지속하지 못한다."고 한탄하는 장면이 나온다. 그러니 요행을 바라며 꼼수를 쓰는 투자자도 투자세계에 존재할 수 있는 다수의 평범한 투자자이며 이들이 잘못되었다고 꾸짖고 싶지 않다.

단지, 필자는 인문학적 소양(素養)으로 평가할 때, 투자세계에서 워런 버핏의 살아온 삶은 감히* 군자와 비견될 수 있는 삶이라 할 수 있고, 워런 버핏이 하지 말라는 나쁜 습관을 다수투자자들이 가지고 있으며 이러한 나쁜 습관은 결국 실패를 가져주는 요행일 뿐이라는 것을 언급하는 것이다. 그렇기에 이 책에서 필자는 독자들이 자산을 어디에 투자하여야 한다거나 만약, 주식에 투자한다면 어떤 종목에 투자하는 것이 좋다는 이야기를 한마디도 하지 않는 것이다.

그 이유는 명백하게 좋은 투자처가 있다면 아무도 모르게 가

---

* 두려움이나 송구함을 무릅쓰고.

진 전 재산을 투자하고 말지 여러분에게 알려주지 않을 것이기 때문이다.

심지어 요행을 부리다 보면 자기의 잘못을 고치기 어렵게 된다.

예를 들면 다음과 같다. 흔히 우리가 주식투자를 한다고 하면 종목 선정방법에는 기업의 내·외재가치를 평가하여 투자하는 재무적 방식과 각종 차트와 지표를 이용한 기술적 방식이 있다.

기술적 방식은 다양한 차트를 분석하거나 거래량을 분석하여 주가의 상승 또는 하락을 예측하는 기법이다. 위의 두 방식은 그나마 자신의 의지가 반영(反映)되어 투자가 이뤄지는 것이니 나쁘다고는 볼 수 없다.

하지만 만약 위 두 가지 방식이 아닌 다른 방식으로 투자하는 사람들은 있다면 다음과 같다. 주변의 말을 듣고 투자하거나, 또는 언론이나 뉴스를 보고 투자하거나 이것도 아니면 자주 거래하던 증권사나 은행직원의 말을 믿고 투자하는 것이다. 이러한 투자는 자신의 의지가 전혀 반영(反映)되지 않는 투자이다.

투자세계에서는 자신의 의지대로 투자하는 사람을 투자자라 총칭(總稱)하고 자신의 의지가 전혀 반영(反映)되지 않는 투자자를 호구라고 한다.

투자자는 요행을 바라지 않지만, 자신의 의지로 투자하기 때문에 타인을 탓하지 않는다. 하지만 호구는 투자에 실패하게 되면 자신을 원망할 수 있을까? 자신에게 투자를 권유했거나 매스컴의 농락에 놀아났다는 식의 남만 탓하게 되지 않을까? 그 이유는 투자에 있어서 자신의 의지가 전혀 반영(反映)되지 않았기 때문이다.

그렇다면 다시 질문하자면 주식의 본질을 살펴보자. 주식의 태생적 본질은 무엇인가? 주식회사의 주주 즉 주인이 되어 기업의 성장하는 과정에서 수익을 함께 배분(배당)받자는 것이 원래 주식의 본질이 아닌가? 그럼 기술적 투자자들은 어떠할까? 이들은 확률(確率)*에 의존하여 투자한다. 확률이란 무엇인가? 확률이란 도박이다. 확률은 도박적 요소를 가득 담고 있다. 주식시장은 합법적인 도박판이라고 폄훼하는 사람들을 자주 봐왔었다. 반은 맞는 소리고 반은 틀린 소리다. 본인이 확률에 근거하여 투자하게 된다면 그 투자는 이미 도박적 요소가 잠재적으로 들어있는 것이다. 도박하는 사람들의 특징이 있다. 도박하는 사람들은 실패에서 절대 타인을 탓하지 않는다. 그 이유는 모든 선택에 자신이 관여했기 때문이다. 하지만 도박을 한 사람들은 항상 신(神)을 원망한다.

"오!! 신(神)이시여 나를 버리나이까?"

그들에게는 원망의 대상이 그들이 믿는 어떤 신(神)이 되는 것이다.

---

* 일정한 조건에서, 어떤 사건이나 사상(事象)이 일어날 가능성의 정도. 또는 그 수치.

그렇기에 기술적 투자자나 호구들은 투자실패에 있어서 누군가를 원망할 수밖에 없다. 원망의 대상이 다를 뿐이다. 하지만 기업의 내재가치를 믿고 투자한 사람들은 누구를 탓하지 않는다. 신도 원망하지 않는다. 오로지 자기 자신만을 원망할 뿐이다.

워런 버핏의 자서전에 가까운 〈스노볼〉을 보면 워런 버핏은 한없이 자신의 투자를 자책한다. 이는 그가 작성한 주주(株主)* 서신에도 마찬가지다. 이기는 투자를 작성한 피터 린치[45]도 같은 성향을 보인다. 그들은 자책(自責)한다. 자책은 나쁜 것이 아니다. 자책은 바둑에 있어 복기와 같은 것이다. 복기하는 이유는 다음에 같은 실수를 반복하지 않기 위해서다. 합리적 투자자들은 자책하고 이를 반면교사 삼아 같은 실수를 반복하지 않으려고 노력한다.

대부분 투자자는 같은 실수를 반복한다. 필자 역시 마찬가지다. 지난 100여 년 주식시장의 원리는 변한 것이 아무것도 없다. 하지만 늘 다수의 실패자와 소수의 성공자가 나온다. 그 이유는 그 성공한 사람들이 시장을 조정하기 때문인가? 물론 그런 음모론을 펼치는 사람들도 있고 실제로 그러한 시장의 보이

---

* 주식(株式)을 가지고 직접 또는 긴집으로 회사 경영에 참여하고 있는 개인이나 법인.

지 않는 손에 의해 움직여지고 있을지는 아무도 모른다. 하지만 실패와 성공의 차이는 같은 실수를 반복하지 않는다는 가장 기본적인 원칙에 있다는 점을 잊지 말라.

〈삼국지〉에 보면 제갈공명[46]이라는 인물이 있다. 그를 표현하는 단어 중 나는 가장 어울리는 것이 신기묘산(神機妙算)이라고 생각한다. 흔히 줄여서 신산(神算)이라고 하는데 "신과도 같은 묘한 계략, 혹은 범인은 감히 못 꿈꾸지 못할 책략"이라 해석할 수 있다.

중국에만 신산(神算)이 있는 것이 아니다. 우리나라에도 신산(神算)이 존재한다. 이는 중국에서도 인정하는 바이다. 그가 바로 바둑의 이창호[47] 9단이다.

비록 지금은 후학들에게 밀려 세계 최정상을 다투지 못하지만, 여전히 현역에서 활동하고 있으며 거의 모든 국내·외 바둑과 관련된 타이틀 기록을 가지고 있는 것으로 알고 있다.

또 다른 별명은 돌부처이다. 전성기 이창호 사범의 바둑을 보면 무척 두텁다. 두텁다는 것은 우직하고 묵직하다는 것이다. 이창호 사범 이전의 바둑에서는 금기(禁忌)시되었던 수를 두면서도 어린 나이에 세계를 제패하였다. 그 비결은 무엇이었을까? 그것은 흔들리지 않으면서 때를 기다린 것이다.

故 君子 居易以俟命(고 군자 거이이사명)

군자는 평이한 현실에 거하면서 천명을 기다린다고 하였다. 이창호 사범을 다른 바둑기사들이 표현할 때 다음과 같은 표현을 하는 것을 들었다.

"이창호 9단은 돌다리도 두드려보고 돌다리임을 확인하고서도 건너지 않는다."

군자는 편안함 속에서 천명을 기다린다 하였다. 이 편안함이란 무엇인가 바로 신중함이다. 본디 신중하다면 위험에 처할 일이 없고 만사가 편안할 수 있다. 하지만 투자의 세계에서 늘 신중하기만 한다면, 그래서 결정을 내리지 못한다면 무슨 의미가 있을까? 지나치게 신중한 사람을 우리는 우유부단(優柔不斷)* 하다고 하질 않는가? 하지만 이러한 신중함은 신산(神算) 즉, 신과 같은 계산력과 묘책이 있기에 가능한 것이다. 한없이 신중하게 기다렸다가 한순간 파고드는 칼날에 우리는 정곡(正鵠)을 찔리기 마련이다. 군자가 편안함 속에서 마냥 편안함만을 추구하라는 것이 아니라 '명' 즉 운명(運命)을 기다리라는 것이며 이 운명

---

* 어물어물하며 결단을 내리지 못함.

이 오는 때를 노리라는 것이다.

그렇다. 투자자는 남을 탓해서는 안 된다. 신을 탓해서도 안 된다. 그러한 누군가를 원망하는 마음이 생기는 것은 다 신중하지 못하기 때문이다. 신중하게 때를 기다린다면 실패 가능성을 줄어든다. 돈 앞에서 신중하고 냉정해지기 쉽지 않다. 그러니 돈을 돌보듯 봐야 한다. 이창호 9단을 돌부처라고 부른다. 이창호 9단은 아마 승부 자체를 돌로 보았을 수도 있다. 살아있는 부처님이 돌이 될 때까지 인고하면서 참았으니 긴 승부 호흡 속에서 얼마나 애간장*이 탔을까? 아마 다 타고 녹지 않았을까? 투자자가 성공하기 위해서는 애간장이 다 타고 녹아 없어질 때여야 가능하다. 그만큼 투자자의 길은 결코 조금의 이론적 공부를 통해 통달하기 어려운 길이라는 것을 여러분들에게 말해주고 싶다.

---

* 〔'애'는 창자라는 뜻의 옛말〕 간장을 강조하여 이르는 말.

중용 제20장
애공문정장(哀公問政章) 中

哀公問政 子曰 文武之政 布在方策
애공문정 자왈 문무지정, 포재방책
其人存 則 其政擧 其人亡 則其政息
기인존 즉 기정거 기인망 즉기정식

애공이 공자에게 정치에 관하여 물었다. 공자가 말씀하시기를 문왕이나 무왕의 훌륭한 정치는 목판이나 간책에 널브러지게 쓰여 있다. 그러나 그러한 가치를 구현할 수 있는 사람이 있으면 그 정치는 흥할 것이고 그러한 사람이 없으면 그 정치는 쇠락하고 말 것입니다.

배운 것을 실천하라 우리는 실천덕목으로 지행합일(知行合一)을 강조한다.

먼저 여기서 알려드릴 점은 지행합일에 대학 학문적 이해다. 지행합일은 본래 중국 명나라 유학자 왕양명이 양명학에서 제창한 지식과 행위에 관한 근본 명제로 이는 성리학을 집대성한 주희의 주자학에서 말하는 선지후행(先知後行)의 반대개념이다. 즉 이를 유교를 공부하는 입장에서는 단순 실천강조론이라기보다는 성리학과 학술적 논쟁에서 보다 깊은 철학적 논리인 것이다.

지행합일의 유교학적 논리는 '심즉리(心卽理)' 설에 있다. 마음(心)속에 리(理)가 같다 즉 우리 모두의 마음속에는 리(理)가 존재한다는 전제를 의미한다.

그렇다면 리(理)는 무엇인가?

이는 성리학의 이념체계인 이기론(理氣論)을 이해해야 한다.

전통적으로 이(理)와 기(氣)는 사물의 존재와 변화를 의미하고 큰 관점에서는 이는 본질 기는 본질의 변화라 하겠다.

여기서 이(理)와 기(氣)를 인간사회 규범으로 가장 쉽게 정리한 사람이 조선의 학자 퇴계 이황이다.

퇴계 선생은 이(理)를 사단(四端) 기(氣)를 칠정(七情)으로 정의하였다.

사단(四端)은 이(理)로써 맹자가 실천도덕의 근간으로 삼은 측은지심(惻隱之心)·수오지심(羞惡之心)·사양지심(辭讓之心)·시비지심(是非之心)을 말한다. 그리고 칠성(七情)은 징의히지면 기(氣)로써

〈예기〉와 〈중용〉에 나오는 희(喜)·노(怒)·애(哀)·구(懼)·애(愛)·오(惡)·욕(慾)을 말한다.

사단(四端)-인간이 지녀야할 도리

측은지심(惻隱之心) 상대를 배려하는 마음이다.

수오지심(羞惡之心) 자신의 잘못을 인정하는 마음이다

사양지심(辭讓之心) 겸손할 줄 아는 마음이다.

시비지심(是非之心) 옳고 그름을 판단할 줄 아는 마음이다.

칠정(七情)-인간이 지닌 본연의 성질

희(喜) 쾌락을 의미한다.

노(怒) 분노를 의미한다.

애(哀) 슬픔을 의미한다.

구(懼) 공포를 의미한다.

애(愛) 집착을 의미한다.

오(惡) 증오를 의미한다.

욕(慾) 욕심을 의미한다.

여기서 사단 칠정론이란 리(理)한 마음이 변화하는 이유를 기(氣)에서 찾는데 그 방법론적인 논쟁이다. 우리 같은 투자자들

이 유학을 그만큼 깊게 이해할 필요까지는 없다.

더군다나, 그러한 마음이 애초부터 우리 마음속에 존재하였는지 아니면 학습을 통해 우리가 알게 되었는지 하는 논쟁도 사실 중요하지 않다. 천성을 우리가 타고나는지는 알지 못하지만 결국 우리는 지식을 학습을 통해 습득한다.

여기서 사단칠정론을 갑자기 꺼낸 이유는 우리가 알고 있음에도 실천하지 못하고 마음이 흔들리는 이유를 우리가 지닌 다양한 감정 요소로부터 나온다는 결론을 낸 퇴계 이황 선생의 논리정연한 결론에 감탄을 금할 수 없기 때문이다.

나는 여기서 한 단계 더 나아가봤다. 퇴계의 사단칠정론은 단테[48]의 신곡[49]에 나오는 연옥과 교묘하게 이어진다. 단테의 신곡에서 연옥에 빠진 사람들은 다음과 같은 칠죄종(七罪宗)을 범한 사람들이다. 교만·인색·질투·분노·음욕·탐색·나태 오늘날 사람들이 볼 때 이는 죄도 아니다. 누구나 가지고 있는 우리 마음속에 충분히 지닐 수 있는 감정이다. 그만큼 옛사람들은 특히 중세는 동서양을 막론하고 금욕주의(禁欲主義)가 사회 전반을 지배했다고 봐야 한다.

희: 기쁨 ⇨ 교만 : 환희에찬 인간은 교만에 빠진다

노: 노영움 ⇨ 분노: 화를 참지 못하면 분노하게 된다.

애: 슬픔 ⇨ 나태: 슬픔에 빠진 사람은 나태해진다.

구: 두려움 ⇨ 질투: 상대방에 대한 두려움이 상대를 질투하게 만든다.

애: 사랑 ⇨ 음욕: 사랑이 지나치면 음욕해진다.

오: 미움 ⇨ 인색: 누군가를 미워하는 사람은 인색해진다.

욕: 욕망 ⇨ 탐식: 욕망은 인간을 탐욕스럽게 만든다.

어떠한 감정이 그릇된 방향으로 흘러갈 때 인간은 나쁜 결과를 낸다. 그리고 그릇된 감정으로 흘러가는 이유는 눈앞의 현상에 집착하기 때문이다. 하지만 위에 표현한 감정들은 인간이 쉽게 컨트롤할 수 있는 감정이 아니다. 전 인류의 근본적 기질이기 때문이다. 나 또한 저러한 감정을 컨트롤할 수 없다. 심지어 이러한 감정과 기질은 수만 년 전부터 유전적으로 지금까지 이어져 있다. 그렇기에 우리 인간의 감정에 따라 가격이 좌지우지(左之右之)되는 주식시장에 장구한 역사가 흘러가도 본질적으로 변하지 않는 이유다. 이러한 감정에서 우리가 벗어날 수 있는 유일한 방법은 눈앞의 현상에 눈감아 버리는 것이다.

오늘날처럼 랜선이 존재하지 않던 그 옛날 동서문명 간 지적 동질감은 단지 우연일까? 아니면 오로라가 이어준 지적 교류인가? 인간의 본질을 연구한 대가들의 동일한 선상(線上)의 결론은 감탄을 불러일으키기 충분하다.

이와 같은 원리로 워런 버핏은 주식시장을 '미스터 마켓'이라 묘사하며 다음과 같이 설명하기 좋아한다.

미스터 마켓은 워런 버핏의 스승인 벤저민 그레이엄이 버핏에게 주식시장의 근시안적 성향에 대한 조언에서 착안하였다고 하는데 벤저민 그레이엄의 저서 〈현명한 투자자〉에는 이와 같은 구절은 없다.

> 미스터 마켓은 사업의 한쪽 면만을 보는 특이한 성격을 가지고 있다. 어떤 날은 세계경제와 사업 전망에 대해 극단적으로 낙관하려고만 한다. 그러나 어떤 날은 사업의 부정적인 면만을 보고 미래에 대해 매우 비관적으로 돌변한다.
>
> 이뿐 아니라 미스터 마켓은 또 다른 변덕을 부리기도 한다. 매일 아침 당신에게 그가 관심을 가진 사업을 사라고 제안한다. 어떤 날은 그 사업의 장기적인 미래를 너무 낙관한 나머지 매우 높은 값을 부르기도 한다. 그러나 우울한 날에는 그 사업의 단기적인 전망을 비관하면서 당신이 문제가 있는 기업을 기꺼이 받아줄 정도로 멍청하다는 생각을 하고 매우 낮은 값을 부른다.

미스터 마켓은 당신의 관심을 끌지 못하더라도 개의치 않는다. 눈이 오나 비가 오나 매일 같이 사업의 일부인 주식을 기분에 따라 가격을 매겨놓고서는 당신 옆에 나타나서 사라고 제안한다. 제안을 무시하든지 받아들이든지 그것은 당신의 자유다. 어떤 반응을 보이건 간에 그는 내일이면 새로운 가격을 들고 어김없이 나타난다.

만약 당신이 어떤 사업의 장기적인 전망을 좋게 보고 통째로 사고자 한다면 언제 미스터마켓의 제안을 받아들여야 할 것인가? 그가 낙관론에 빠져 높은 가격을 부를 때인가 아니면 단기적 시각에 빠져 비관론에 싸여 있을 때인가? 당연히 미스터 마켓이 사업을 근시안적으로 보고 비관할 때 사야 한다. 그때가 당신에게 최고의 매수 타이밍이다.

미스터 마켓은 투자자를 안내하기보다는 투자자를 이용해서 이익을 보려고 한다는 것이다. 따라서 당신은 어떤 사업이 좋은지 그에게 묻기보다는 제시하는 가격에만 관심을 가지면 된다. 사실 그는 변덕스러운 생각을 참고하게 되면 재앙을 가져올 수 있다. 장밋빛 미래에 지나치게 흥분해 높은 값을 지불하거나 너무 비관적인 나머지 미스터 마켓이 제시하는 낮은 가격을 이용할 기회를 놓칠 수 있기 때문이다.

즉 시장의 변동성은 인간의 감정인 칠정(七情)에서 오는 변덕에 의해 항상 변화하며 이에 많은, 투자자들은 휩쓸리게 된다. 그 결과로 모든 투자자들은 연옥에 빠지게 된다. 여기서 '미스터 마켓'은 투자자를 의미한다. 이유는 결국 시장에서 가격을 형성하는 주체는 시장참여자들이기 때문이다.

즉 '미스터 마켓'을 대중심리에서 오는 가격 변동성을 설명하는 수단으로 묘사한 것이다.

이 얼마나 절묘한 묘사인가? 500년 전 조선에서 치열하게 전개된 논쟁이 오늘날 주식시장에도 똑같이 적용되는 것이다.

실천덕목으로 '지행합일'은 투자에 있어 가장 중요한 덕목이다. 서점을 가면 늘 투자 관련 베스트셀러 책들은 넘쳐나고 누구나 한 권쯤 읽었을 것이다. 매일 홍수처럼 쏟아져 나오는 책들을 모두 읽을 수 없겠지만, 대부분 투자를 시작하거나 공부하려는 사람들은 책을 읽는 것에 시간과 돈을 아끼지 않는다. 물론 책 한 권 읽지 않고 투자에 임하는 사람도 많지만, 책 한 권이 투자자의 수익률을 보장하지는 않으니 뭐라 할 것도 아니다, 필자 역시 15년간 투자 생활을 하면서 수없이 많은 투자 서적을 구매하였다. 그렇다고 그 책들을 모두 읽은 것은 아니다. 정독하면서 몇 번을 다시 읽은 책도 있는 반면에 읽다가 도중에 포기한 책도 있고 심지어 구매하고 한 번도 읽지 않은 책들도 있다.

사람들의 감정은 예나 지금이나 다르지 않나 않다. 옛사람들도 배움을 갈망하였고 지식을 쌓기 위해 무수히 많은 책을 읽고 또 자신의 지식을 남기기 위해 저서를 남겼다. 중국의 춘추전국시대 문왕이나 무왕은 정치적으로 성군으로 그들의 통치 기간은 이상적인 태평성대로 추앙받는 인물이다.

이들을 본받기 위해 후대에 많은 지도자와 학자들이 그들과 관련된 책을 널브러지게 많이 썼다는 구절만 봐도 알 수 있다.

하지만 그렇게 많은 책이 있음에도 불구하고 춘추전국시대 나라는 갈라지고 오랜 전쟁으로 국토는 황폐화(荒廢化)되고, 민중들의 삶은 피폐해져 갔다. 이러한 혼란의 시기 공자는 이러한 혼란을 종식시키고자 노력하였지만 실패하였고 결국 그런 책들이 아무리 많아도 그러한 가치를 구현할 수 있는 사람이 없다면 쓸모가 없다는 이야기를 공자는 말하고 있다. 바로 '지행합일'을 강조한 대목이다.

물론 기본적인 지식을 쌓기 위해 책을 읽는 것은 당연히 필요한 수순(手順)이다. 하지만 그렇게 책을 읽고도 실천하지 않고 그냥 지나쳐 버린다면 독서에 필요한 시간과 돈을 낭비한 것과 같다.

결국, 퇴계 이황과 워런 버핏이 삶의 지혜로서 강조하고 싶었던 덕목은 바로 감정의 절제이다. 감정을 절제하지 못하고 한 방향으로 감정이 치우치게 된다면 결국 본질이 흐려진다는 것이다. 퇴계 이황의 본질은 인간의 본성이고 워런 버핏의 본질은 시장 그 자체이다. 워런 버핏은 결국 시장은 다수투자자의 감정 기복에 의해 일시적으로는 비정상적인 가격을 보여주지만 결국 비정상은 정상으로 돌아온다는 것을 '미스터 마켓'을 통해 의미를 전달한 것이다.

지행합일이라는 실천덕목으로 볼 때 필자가 본 어떤 투자 관련 서적에서도 요행을 가르치지 않는다. 하지만 수없이 많은 투자자는 요행을 바라고 투자를 한다. 당장 눈앞의 쾌락이나 감정적 만족에 치중한 결과이다. 그러한 감정이 일시적이라는 사실을 알더라도 마치 마약처럼 그런 감정을 끊지 못한다. 투자가 투기가 되는 과정이다. 우리 모두 투기는 나쁜 행위이며 하지 말아야 한다는 사실을 알고 있다. 하지만 이를 지키는 것은 어렵다. 필자 역시 그런 아픈 역사를 반복해 왔다. 우리가 잘 못되었음을 알면서도 투기를 일삼는 이유는 무엇일까? 바로 일시적 감정에 치중하기 때문이다. 생각보다 많은 사람이 인내(忍耐)할 줄 모른다. 결과에만 치중하고 과정을 너무 쉽게 생각하는 경향이 있다. 농부가 농사를 지을 때도 1년이라는 인고의 노력이 필요하다. 그렇게 하여 농부가 농작물을 수확한다. 모든 과정 중 하나라도 등한시하거나 인내하지 않고 탐욕을 부린다면 농작물은 제대로 된 과실을 맺지 못하고 죽고 만다.

그리고 그런 모든 과정에는 적절한 시간이 필요하다. 좋은 성과를 내기 위해 단기 감정에 치우치지 말고 인내한다면 좋은 결과를 낼 수 있을 것이다.

안타까운 점은 아직도 뉴스를 보면 여유자금이 아닌 돈으로 투자를 일삼는 투자자의 기사가 심심찮게 들린다.

여유가 없는 투자는 조급함을 야기하고 투자자의 눈과 귀를 막는다. 아이작 뉴턴[50]은 너무나 유명해서 모르는 사람이 없을 정도의 위대한 과학자이다. 하지만 그도 피하지 못한 것이 있었으니 바로 투기로 인한 막대한 재산탕진이다. 그는 역사상 최초의 버블(bubble)인 남해 거품 사건[51]으로 본인 재산의 80~90%를 몽땅 잃는다. 처음에는 뉴턴 역시 투자를 했다. 그리고 적절한 수익도 얻었다. 하지만 뉴턴은 만족할 줄 몰랐고 본인의 매도 후 끝없이 오르는 주가를 보고 주가가 꼭지에 다 달았을 때 재투자 하였고 거짓 정보로 주가가 올라갔음이 알려지고 주가가 하락하자 이를 만회하기 위해 대출까지 내서 투자하다가 결국 자산을 탕진한 것이다. 그리고 뉴턴은 다음과 같은 유명한 말을 남겼다.

"천체의 운동은 계산할 수 있어도, 사람들의 광기는 측량할 수 없다."

투자하는 데 수학적 능력도 물론 중요하다. 하지만 인류 최대의 천재라 불리는 이가 이와 같은 말을 남긴 것으로 볼 때 우리가 인문학을 공부해야 할 충분한 이유가 되지 않을까 하는 생각을 했다.

Part 4

역사에서
배움을 얻다

이번 장에서는 저의 애독서인 사기(史記)에서 극명히 대조되는 두 인물을 통해 독자분들의 마음에 울림을 주고자 한다. 사기는 감히 동양 최고의 역사서라 할 수 있다. 사료도 기록도 부족한 2000년 전 사마천은 아버지의 유언에 따라 역사를 후대에 남기는 일을 자신의 필생의 과업이라 생각하고 무려 2000년의 역사를 기록하였다.

대서사시
사기

사기를 집필한 사마천의 생애는 다음과 같다.

사마천의 출생 시점에 관해서는 설이 분분한데 대체적으로 한 경제(漢景帝) 중원(中元) 5년인 기원전 145년에 태어났다고 본다. 자는 자장(子長)이며 용문(龍門, 지금의 섬서성(陝西省) 한 성시(韓城市)) 출신으로, 그의 아버지 사마담(司馬談)은 한 무제 때 사관인 태사령(太史令)에 임명된 역사가였다. 사마천은 아버지가 받들었던 황로(黃老) 사상의 영향을 받아 성장하면서 천문과 지리, [주역] 및 음양의 원리 등을 어깨너머로 배우기도 했다. 그러다 10살 때 아버지를 따라 수도인 장안(長安)에 오면서 새로운 세계에 더욱 눈을 뜨게 된다.

사마천은 스무 살 때인 한 무제 원삭 3년(기원전 126년)부터

3년 가까이 전국을 유람하여 오늘날의 호남성, 강서성, 절강성, 강소성, 산동성, 하남성 등을 두루 돌아다녔다. 이때의 유람은 훗날 [사기의 현장성을 높이는 데에 결정적인 역할을 한다. 돌아오고 나서 20대 후반까지는 경학대사인 공안국(孔安國)에게 고문을 배워 유학에 대한 식견도 쌓았다. 청나라 학자 왕국유(王國維)의 고증에 의하면 바로 무제 원수(元狩) 5년(기원전 118년), 나이 스물여덟에 사마천은 낭중(郎中)이 되었다. 낭중은 한나라 관료 체계에서 낮은 등급에 속했는데도 한 무제는 순행(巡幸- 임금이 나라 안을 살피기 위해 돌아다님)과 봉선(封禪- 중국의 천자가 하늘과 땅에 제사를 지내던 일) 의식에 사마천을 데리고 다녔으니 사마천이 무제의 총애를 상당히 받은 것으로 짐작된다.

원봉(元封) 원년(기원전 110년) 사마천의 나이 서른여섯이 되던 해, 한 무제는 동쪽 태산에 봉선 의식을 거행하려 순행했는데, 그를 수행하던 태사령 사마담이 낙수에서 병으로 쓰러졌다. 그때 사마천은 무제의 사신으로 파촉 이남 지역에 새로운 군(郡) 설치 문제를 처리하고 돌아온 참이었다. 위독해진 아버지 사마담은 사마천에게 유언을 남겼으니 그 핵심은 역사를 집필하라는 것이었다. 아버지가 세상을 떠난 후 사마천은 원봉 3년(기원전108년)에 아버지의 대를 이어 태사령이 되니 이때 그의 나이

서른여덟이었다. 사마천이 태사령이 된 지 5년 후 한 무제는 태초력(太初曆)이라는 새로운 역법을 발표하고 연호를 바꾸고는 봉선 의식에 참여하게 되는데, 대개 이 무렵 그가 [사기] 집필을 시작했다고 추측한다. 그러나 그가 [사기]를 온전히 혼자 힘으로 저술한 것이라고는 보기 힘들다. 아버지 사마담은 세상을 떠나기 전에 이미 [사기]의 체계를 어느 정도 세워 두었고, 서른일곱 편 정도는 이미 거의 완성 단계에 있던 것으로 보인다. 사마천은 본래 [사기]를 '태사공서(太史公書)'라고 불렀으니, 이는 태사공이 지은 책이란 의미로서 아버지에 대한 존칭을 드러내 아버지의 유지를 받들었음을 보였다.

그런데 사마천은 한 무제의 눈 밖에 나면서 크나큰 시련을 맞이하게 된다. 천한(天漢) 2년(기원전 99년) 한나라의 장수 이릉(李陵)이 군대를 이끌고 흉노와 싸우다가 흉노에게 투항하는 사건이 발생한 것이다. 사람들은 이 사건을 두고 이씨 가문의 명예에 먹칠을 한 것일 뿐만 아니라 한나라 조정의 체면도 깎아내린 것이라고 했다. 그러나 사마천만은 그의 투항이 어쩔 수 없는 일이었다며 이릉을 변호하여 결국 무제의 노여움을 사 감옥에 갇히고 말았다. 그가 선택할 수 있는 길은 세 가지 중 하나였다. 첫째, 법에 따라 주살될 것, 둘째, 돈 오십만 전을 내고 죽음을 면할 것, 셋째, 궁형을 감수할 것. 사마천은 두 번째 방법을 취하고 싶었으나 중인(中人)에 불과했던 그가 그런 거액을 낸다는 것은 불가능했고 결국 마지막 것을 선택했다. 목숨만이라도 부지하여, 역사서를 쓰라는 부친의 유지를 받들기를 택한 것이다.

궁형[52]의 처절한 고통을 체험한 사마천은 한 무제에 대한 원망을 [사기] 전편에 스며들게 했고, 인간에 대한 깊이 있는 탐색을 통해 역사란 결코 왕후장상에 의해서만 이루어지지 않는다는 점을 분명히 드러낸다. 후에 무제에 의해 중서령(中書令)을 제수 받아 다시 무제의 곁에서 일하게 되었는데, 이때 [사기] 저술 작업은 상당히 진척된 상태였다. 사마천이 [보임소경서(報任少卿書)]를 쓴 기원전 91년경에는 [사기]가 거의 마무리되었으니, 아버지의 유언을 받든 지 20년의 세월이 흐른 시점이었다.

사마천의 가족에 대해서는 밝혀진 바가 많지는 않다. 같은 마을 출신의 아내 양씨(楊氏)가 있다고 전해지며 사마천이 겪어 온 길을 함께 동고동락한 현명한 조력자였다고 한다. 아내 이외에 첩도 한 명 있었던 것으로 보이며, 사마림(司馬臨)과 사마관(司馬觀)이라는 아들 둘과 딸 하나가 있었다는 의견도 있다. 사마천이 죽은 시기도 불분명한데, [사기]를 집필하고 나서 바로 그해 혹은 그 이듬해에 세상을 떠났던 것으로 보인다.

아마도 사마천이 자신의 명예를 위해 목숨을 버렸다면 사기란 인류의 보배는 탄생하지 못했을 거다. 이렇듯 산전수전 모두 겪으며 집필하다 보니 글의 깊이와 역사를 꿰뚫는 통찰력에 감탄하지 않을 수 없다.

사기는 기전체 방식으로 써진 최초의 역사서다. 기전체(紀傳體)는 기(紀)·전(傳)·지(志)·표(表) 등으로 구성하여 서술하는 역사 서술 체재(體裁)로서 가장 중요한 기(紀)·전(傳)의 이름을 따서 기전체(紀傳體)라고 한다.

여기서 '기(紀)'는 제왕의 정치와 행적을 중심으로 역대 왕조의 변천을 연대순으로 서술한 것이다. '전(傳)'은 각 시대를 풍미했던 다양한 인물들에 대한 기록이다. '기(紀)'는 '본기(本紀)', '전(傳)'은 '열전(列傳)'으로 불리기도 한다. '표(表)'는 각 시대의 역사의 흐름을 연표(年表)로 간략히 나타낸 것이며, '지(志)'는 제례(祭禮)나 천문(天文), 경제(經濟), 법률(法律) 등의 문물과 제도에 관해 항목별로 연혁과 변천을 기록한 것으로 일종의 문화사(文化史)나 제도사(制度史)로서의 성격을 지니고 있다.

쉽게 정리하면 다음과 같다

〈본기〉는 제왕의 역사를 기록한 것.

〈세가〉는 제후국의 역사를 기록한 것.

〈표〉는 연표 형식으로 중요한 역사적 사실을 간략하게 기록한 것.

〈지〉는 주로 제도, 문화, 지리, 경제, 사상을 기록한 것.

〈열전〉은 인물의 전기나 이민족의 역사를 기록한 것.

그렇다면 제왕의 역사를 기록한 본기를 〈기〉 각 시대를 풍미했던 다양한 인물들에 대한 기록을 〈열전〉이라 한다면 〈세가〉는 무엇인가? 사마천은 다음과 같이 〈세가〉를 설명한다.

"하늘의 별자리인 28수(宿)가 북극성 주위를 운행하고, 수레의 30개 바큇살이 하나의 바퀴통을 향해 모이듯이 하늘의 운행은 영구히 멈추지 않으며, 군주를 보필하는 수족으로서의 신하는 성좌(星座, 별자리)나 바큇살과 같다. 정의로써 도리를 행하고 그것으로 주상을 받든 자를 위해 세가를 만들었다."

능력이 뛰어날 뿐 아니라 충의를 다한 신하를 따로 〈세가〉로 기록하여 후대에 충의의 중요성을 말하고자 하였다고 생각한다. 또한, 역사적으로 봉건주의 시대에 제왕과 신하 사이에 제후가 있었기에 따로 기록할 필요도 있었다고 판단했을 것이다.(참고로 사기가 써진 역사적 시기인 하은주, 춘추전국시대, 진, 한의 시기는 봉건주의 사회로 황제 아래 제후가 각 지방을 별도 통치하는 농치 시스템이었다. 실제로 중앙집권체제가 정치시스템이 변화한 한나라 이후 기전체에 〈세가〉가 써진 예는 중국 역사상 최고 혼란기인 오대십국 시대를 다룬 구양수의 '신오대사' 등 극히 드물었으며, 조선은 명나라의 제후국으로 스스로 인식하고 고려사를 편찬할 때 고려왕의 역사를 〈세가〉로 기록하였다.)

그리고 〈열전〉에 기록한 인물에 대해서는 다음과 같이 설명한다.

> *"바른 것을 북돋우고, 재능이 뛰어나며, 자신에게 주어진*
> *때를 잃지 않고, 천하에 공명을 세우는 사람들을 위해 열전*
> *을 짓는다."*

이에 후대에 〈세가〉와 〈열전〉의 인물은 그 업적과 관계없이 큰 평가 차이를 보여준다. 충신의 가치가 높이 평가되었던 것이다.

한나라에는 3대 개국공신은 '장량', '한신', '소하'이다 필자가 앞으로 소개할 인물은 바로 장량과 한신이다. 사기에 장량은 〈유후세가〉로 기록되어 있고 한신은 〈회음후열전〉으로 기록되어 있다. 같은 공신임에도 극명하게 다른 평가를 받는 이유와 우리가 이를 통해 어떤 가르침을 얻을지 살펴보고자 한다.

사기 회음후열전(淮陰侯列傳)
1부 치욕을 참아내다

중국 역사를 통틀어 명 태조 주원장(朱元璋)[53]과 더불어 한신(韓信)만큼 파란만장한 삶을 살았던 사람도 있을까?

한신은 어릴 적 찢어지게 가난하였다. 그래서 구걸을 하면서 생활하였으며 이에 한신을 불쌍히 여겨 따뜻하게 대해준 여인이 있었다. 그렇게 구걸하는 한신에게 그 여인은 자신도 어려운 처지에 함께 밥을 나눠 먹었고 이를 고맙게 여긴 한신은 후에 공적을 세우고 초왕(楚王)[54]이 되었을 때 그녀를 불러 천금을 하사하여 보답하였다. 이를 결식표모(乞食漂母)라 하니 어려울 때 은혜를 갚았다는 뜻이다.

또한, 한신은 어릴 때 가난했음에도 불구하고 큰 뜻을 품고 있어 늘 칼을 한 자루 차고 다녔다. 그때 그러한 한신을 탐탁지 않게 보던 동네 건달이 한신에게 다가와 "다 큰 성인 남자가 쓰지도 못하는 칼을 차고 다니면서 겁은 많다."라고 한신을 조롱하며, 이를 지켜보는 군중들 앞에서 한신을 망신 줄 요량으로 "죽음이 두렵지 않다면 그 검으로 나를 찌르시오, 하지만 죽음이 두렵다면 내 다리 밑으로 기어가라." 하고 모욕하였다. 이를 들은 한신 역시 인간인지라 순간의 욱하는 감정이 있었겠지만, 대의를 위해 창피함을 감내하면서 그 사내의 가랑이 아래를 기어갔다고 한다. 이후 초왕(楚王)이 되어 고향 땅에 왔을 때 그 사내는 한신이 온다는 소식에 큰 두려움에 떨었다고 한다. 하지만 한신은 그 사내에게 오히려 치안을 담당하는 하급 관리로 임명하며 "만약, 그때 욱하는 마음에 당신을 찔러 죽였다면 순간 기분은 좋았겠지만 난 살인자가 되어 지금의 자리에 없었을 것이다. 그대는 많은 가르침을 주었다."라며 너그러운 모습을 보여주었다고 한다. 이를 과하지욕(袴下之辱)이라 하니 참을 인(忍) 3번 속으로 읽으면 살인을 면한다고 하는데 한신은 이를 실천한 것이다.

인내 중에서도 가장 처절한 인내는 치욕을 참아가며 하는 인내라 생각한다. 와신상담(臥薪嘗膽)이나 과하지욕((袴下之辱)이 이에 속한다 하겠다. 하지만 둘은 차이가 있다. 와신상담의 인내에는 복수심이 내포되어있다. 이는 차가운 인내이며 누군가를 해치는 인내이다. 하지만, 과하지욕은 자신의 큰 포부를 위한 인내이며 관용의 인내이다.

한신은 큰 뜻이 있었기에 순간의 욱하는 감정을 참고 인내하였다.

투자세계에도 유사한 사례가 있다. 1990년대 말 미국 주식시장에 닷컴버블[55]이 한참인 시절 누구나 닷컴 회사의 주식을 사면 백만장자가 되고 매일 자산이 증식하는 기술주장이 도래하였다. 하지만 버핏은 닷컴 회사들이 어떤 사업을 하는지 사업성을 알지 못하고 주가는 엄청나게 고평가되었다는 자신만의 확신(確信)으로 닷컴 회사에 투자하지 않고 자신의 보수적 투자 포트폴리오를 유지했다. 이때 버핏은 미국의 부자 리스트에서도 크게 밀렸으며 투자 전문가와 언론은 버핏이 구식투자자이며 시대에 뒤떨어진다며 조롱하였다.

심지어 버핏의 투자방식을 비판하는 여론도 일었다. 하지만 버핏은 자신의 투자방식과 시장의 광기에 대한 확신이 있었기에 끝끝내 자신의 소신(所信)을 지켰으며 2000년 초 끔찍한 닷컴버블이 터졌을 때 그를 비난한 사람들로부터 버핏은 다시 위대한 투자자로서 자신의 위상을 되찾게 된다. (이후 버핏은 2003년 세계 최고의 부자 list 1위에 오르게 된다. 현재는 아마존(Amazon)의 제프 베조스(Jeff Bezos)와 테슬라(Tesla)의 일론 머스크(Elon Musk)가 엎치락뒤치락하며 1위를 유지하고 있다.)

한신이 한때의 수치를 참았듯이 버핏은 전문가와 대중의 조롱을 참았으며 스스로 소신을 지킬 수 있었다. 그리고 한신은 초왕(楚王)이 되었으며 버핏은 아직도 추앙받은 투자자의 전설로 남아있다.

앞서 뉴턴의 이야기를 하였는데 뉴턴이 광적인 투기에 가담한 계기는 무엇일까? 그것은 바로 너무 일찍 주식을 내다 팔았고 이에 계속 오르는 주가를 보면서 상대적 박탈감이 들었기 때문이다.

이를 가리켜 에드윈 프레브르 저 〈제시 리버모어의 회상〉에서 제시 리버모어는 "포지션(Position)을 잃지 말라."고 충고하였다.

여기서 포지션은 꼭 주식을 보유하는 것만을 의미하는 것이 아니다. 현금을 보유하는 것 역시 포지션을 유지하는 행위이다.

투자에 있어 상대적 박탈감은 때로는 치욕적으로 다가온다. 하지만 이러한 치욕을 견뎌낼 수 있어야지만 성공적인 투자자가 될 수 있다.

유행이란 일시적이고 변화무쌍(變化無雙)하다. 그렇기에 패피(fashion people)가 아니라면 유행을 따라다닐 필요가 없듯이 투자에 있어서 남들이 보유한 주식을 모두 보유할 이유도 없고 한번 보유한 포지션을 함부로 유행을 따라 변경할 필요도 없다. 보통의 투자자들은 자신이 보유한 주식의 가격이 오르지 않고 옆에 다른 주식들이 오르는 모습을 보면 허탈해하면서 보유하고 있는 주식을 의심하기 시작한다. 어떤 이유로든 매수한 종목을 의심하기 시작한다면 이미 마음은 흔들리는 것이고 소신은 사라지게 되기 마련이다.

물론 유행을 따르는 투자가 잘못된 것은 아니다. 여기서 하고 싶은 핵심은 유행에 소신이 흔들리지 말라는 것이다. 이러한 치욕을 견뎌낸다면 언젠가는 성공하게 될 것이다.

사기(史記) 회음후열전(淮陰侯列傳)
2부 초심을 잃고 과욕을 부리다

한신은 처음에는 초나라 항우의 부하였지만, 그의 능력을 인정받지 못하자 유방에게로 떠난다. 처음 유방도 한신의 능력을 알아주지 않았지만, 한신의 능력을 알아본 책사 소하(蕭何)[56]가 유방에게 "한신은 국사무쌍(變化無雙)[57]입니다. 세상천지 그만한 인재는 없지요." 하며 천거(薦擧)하였고 단번에 한나라의 대장군이 된다.

국사무쌍(變化無雙)이라 함은 천하에 그와 같은 인재는 없다는 의미로 한 인간을 그보다 더 높이 평가할 수 있을까? 그런 두터운 신임을 받으며 전쟁의 신으로 불리며 연전연승하며 가는 곳마다 적군을 격파한다.

한신의 대표적 전략 중 우리가 흔히 알고 있는 전략이 배수진(背水陣)이다. 이미 한신은 필사즉생 필생즉사(必死則生 必生則死)

의 마음으로 전쟁에 임한 것이다.

결국, 한신은 자신의 부대를 이끌고 광대한 영토를 점령하게 된다. 하지만 한신은 최고의 자리에서 탐욕을 부리게 된다.

유방(劉邦)과 항우(項羽)[58]의 초한(楚漢) 전쟁이 끝나기도 전에 자신이 점령한 영토인 제(齊)나라의 제후(諸侯) 자리에 봉해달라고 주군인 유방에게 요청한다. 그때 유방은 몹시 화가 났지만, 전쟁이 한창이고 아직 한신의 힘이 필요했기에 장량(張良)과 진평(陳平)의 말을 듣고 이를 허락한다. 이는 두고두고 한신을 의심하게 되는 빌미가 된다.

한신은 자신의 실력을 과신한 나머지 전쟁 중에 자신의 업적을 자랑하며 포상을 요구하였고 이는 자신을 파멸로 몰고 가는 기폭제(起爆劑)가 되었다.

결국, 천하가 통일되고 한나라를 건국하고 난 다음 한 고조 유방이 제후국을 순회한다는 명목으로 제나라 근처에 갔을 때 한신을 연회에 초대하였고 그 자리에서 모반죄로 체포하여 장안(長安)[59]로 압송하였다.

한신은 모반을 일으켰다는 죄목이 억울할 수 있다. 그는 수차례 스스로 제왕이 될 기회가 있었다. 특히, 그의 참모 괴통(蒯通)[60]은 한신이 큰 공적을 세우고 제나라의 왕이 되었을 때 "유방은 수차례 항우를 배신하는 등 행실이 정의롭지 못하고 시기심도 강하니 분명 대업을 이루고 나면 공을 죽일 것입니다. 그러니 지금 기회가 있을 때 스스로 제왕이 되어 천하를 삼분하여 항우, 유방, 한신이 차지한다면 화를 면할 것입니다."라며 참소(讒訴)를 여러 번 올렸지만, 한신은 이를 물리치며 "항우는 어리석은 자로 인재를 몰라주니 유방이 항우를 배신한 것은 하늘의 이치이다. 그렇지만 유방은 보잘것없던 나를 받아주고 대장군에 임명하여 주는 등 나는 큰 은혜를 입었으니 유방을 배신한다면 세상 사람들의 웃음거리가 될 것이요."라며 여러 차례 거절하였다고 한다.

그리고 나중에 한신은 죽음을 맞이할 때 "아! 내가 토사구팽(兎死狗烹)[61]당하는구나, 그때 괴통의 말을 들었다면…"이라는 말을 남기고 하늘을 보며 후회하며 통곡하였다고 한다.

사기(史記) 회음후열전(淮陰侯列傳)
3부 과욕이 화를 부르다

다다익선(多多益善)이라 한다. 과연 많으면 많을수록 좋을까?

사기에 그려진 한신을 보면 범상치 않은 능력과 다르게, 완벽하지 못한 인간적인 면모를 자주 보인다.

다음 일화를 보면 한신이 자부심이 대단한 사람이었다는 것을 짐작할 수 있다.

한 날은 한 고조 유방이 압송되어 장안에서 재기(再起)를 꿈꾸던 한신을 불러 다음과 같이 질문한다.

"그대의 생각에 과인은 얼마의 병력을 통솔할 능력이 있소?"

"황제께서는 능히 10만의 병력을 통솔할 능력이 있다고 사료 되옵니다."

"그렇소? 허허 그렇다면 공은 능히 얼마나 많은 병력을 통솔한 능력이 되오?"

이에 한신은 한치도 고민 없이 다음과 같이 말한다.

"신은 많으면 많을수록 좋습니다"

이 말을 듣고 기분이 상한 유방이 다시 한신에게 묻는다.

"아니 그렇다면 어찌 공은 나에게 붙잡혀 여기 있는 것이요?"

"황제께서는 저와 같은 인재를 아우를 수 있는 천하의 능력
을 지니신 분입니다"

이에, 만들어진 사자성어가 다다익선(多多益善)이다. 이 얼마
나 자신의 능력에 대해 과시(誇示)하고자 하는 욕망이 강한 사
람인가? 물론 나중에 한발 물러나서 유방을 한껏 추켜세워 주
지만 이미 때는 늦은 것으로 유방은 이미 기분이 상한 상태로
한신을 더욱 위험한 인물로 인식하게 만들어 죽음을 재촉한 계
기가 되지는 않았을까?

대부분 투자자 역시 마찬가지로 자신의 재능이나 권력·부를
과신하고 싶은 과시욕은 누구나 가지고 있다. 성공한 대부분
투자자는 자신을 과시하고자 노력한다. 자신의 성과를 밖으로
드러내고 부를 과시하는 모습은 자신의 능력을 세상에 드러
내고 인정받아 사람들에게 신임받는 일종의 권력을 차지하고

자 하는 권력욕에 기인(起因)*한다.

과시욕은 인간을 때로는 죽음으로 몰아가는 무서운 감정이다. 투자자의 과시욕은 과욕(過慾)**을 부르고 무리수(無理手)***를 두게 한다.

필자 역시 투자를 하면서 주변에 나의 투자 능력을 자랑하고 부를 과시하면서 지낸 시절이 없었을까? 하지만 지금 생각해보면 모두 부질없는 일이고 그렇게 쌓아 올린 부(富)와 명예(名譽)는 모래성과 같았다.

투자자는 성과가 나는 시점부터 자신을 낮추고 늘 주변을 경계해야 한다.

오래 알고 지낸 조용히 그리고 묵묵히 투자를 해오는 선배가 있다. 그분은 늘 겸손하고 자신을 낮추지만, 누구보다 성공적인 투자를 해오고 있으며 항상 주변에 인정을 베푼다.

그분은 잘난 척하지 않으면서 귀찮게 물어보는 나에게 늘 친절하게 설명해준다.

반대로 마치 자신이 투자의 귀재(鬼才)****라도 되는 듯 자신을

---

* 일이 일어나는 원인.
** 욕심이 지나침. 또는 그 욕심.
*** 상황에 맞지 않은 무리한 생각이나 행동의 비유.
**** 세상에 드문 재능. 또는 그러한 재능을 가진 사람.

한껏 높이 올리고, 주변에 자신을 부를 과신하던 많은 이들은 "빈 수레가 요란하다고" 결국 진짜 빈 수레가 되어 스스로 자멸(自滅)하는 것도 여럿 보았다.

한신은 가장 조심해야 할 순간 유방의 역린(逆鱗)*을 건드렸고 제거해야 할 인물로 낙인찍히고 스스로 목숨을 재촉했다는 점에서 그 능력에 비해 미숙(未熟)한 인격을 지녔던 것이 아닌가 하는 아쉬움이 든다.

사기를 저술한 사마천도 〈회음후열전〉 마지막에 한신을 다음과 같이 평가하였다.

> "내가 회음(淮陰)에 가자 회음 사람들이 나에게 말했다. '한신(韓信)이 평민이었을 때 그 뜻이 여느 사람과 달랐다. 그의 어머니가 죽었을 때 가난해서 장례를 치를 수조차 없었다. 그러나 제후가 되고 금의환향하여 높고 넓은 땅을 구해 무덤을 만들었고, 그 곁에 만 호의 집이 들어설 수 있게 했다.' 내가 그 어머니의 무덤을 보니 과연 그러했다. 가령 한신이 도리를 배우고 겸손하게 양보하며 자기의 공로를 자랑하지 않고, 자

---

* 임금의 분노《용의 턱 아래에 난 비늘을 건드리면 죽임을 당한다는 전설에서 나온 말.

기의 능력을 뽐내지 않았다면, 한(漢)에 대한 공훈은 거의 주공(周公)·소공(召公)·태공(太公)[62]의 무리에 견줄 수 있고, 후세에 나라의 제사를 받았을 것이다.

이렇게 되려고 힘쓰지 않고 천하가 이미 안정된 뒤에 반역을 꾀했으니 종족이 전멸[63]한 것 또한 마땅하지 않은가!"

사기 유후세가(留侯世家),
장량 공성신퇴를 실천하다

　　중국 산시성(陝西省) 한중(汉中)의[64] 자백산(紫柏山) 기슭에는 장량(張良)의 사당(祠堂)이 있다. 당대 사람들이 그의 지혜로움을 기려 사당을 세워 존경을 표시하고자 지어진 사당으로 처음 자백산 정상에 세워진 사당을 후대 보수·증축을 거쳐 1683년 청나라 강희제(康熙帝)[65] 때 현재의 자리에 재건되었다.

　　이 사당의 입구에 들어서는 현판에는 장량의 말년을 잘 표현한 '공성신퇴(攻成身退)'라는 글귀가 있는데, 이를 해석하면 공을 이루면 몸은 물러나라는 것으로 후대 신하(臣下)들에게 큰 귀감(龜鑑)이 된다.

　　장량은 전국시대 한나라 사람으로 자는 자방(子房), 시호는 문성공(文成公)이다. 그의 집안은 할아버지와 아버지 모두 재상을 지낸 명문가 집안으로 장량은 어려 한나라에서는 벼슬하지 않았다. 이때 장량의 집안에는 노복만 300명이 있을 정도로 부자였으며 장량은 전 재산을 모두 털어 자객을 구해 진시황을 죽여 한나라를 위해 복수하려 했다. 이에 장량은 자객과 함께 일을 도모하였으나 실패했고 이에 장량은 이름을 바꾸고 이름과 성을 바꾸고 숨어 지내게 된다. 그러던 중 장량은 신기한 노인을 만나게 되고 그에게서 '태공병법(太公兵法)'이란 책을 받아 이를 익히고 병법에 눈뜨게 된다. (태공병법은 주나라 태공망의 집필하였다는 병법서로 태공망은 주나라의 개국공신 여상을 말한다. 우리가 흔히 낚시꾼을 강태공이라 일컫는데 강태공은 시간을 낚는다고 하며 자신을 알아주는 이가 나타날 때까지 70세가 되도록 벼슬하지 않고 실력을 갈고닦아 마침내 주나라를 창건한 태조 문왕을 만나 자신의 역량을 펼치고 은나라를 멸하고 제나라의 시조가 된다. 아마도 장량에게 태공병법을 주었다는 내용은 태공망이 주나라 문왕의 스승으로 은나라를 멸하고 주나라를 창건하였듯 장량이 후에 유방을 도와 진나라를 멸하고 한나라를 창건하였다는 역사적 사실에 대한 극적인 동질감을 주고자 한 사마천의 장치가 아닌가 하는 생각을 하였다.)

이렇게 장량은 때를 기다리던 중 한 고조 유방을 만나게 되고 장량은 자신의 말에 귀 기울여 주는 유방에게 반하여 자신의 지략으로 초나라 항우를 물리치고 유방이 한나라를 건국하는 데 큰 공적을 세운다.

장량의 성품을 보여주는 유방과 대표적 일화로 유방이 항우보다 먼저 진나라의 수도 함양(咸陽)을 점령하고 진나라 왕 자영(子嬰)[66]으로부터 항복을 받게 된다. 그리고 황궁으로 들어간 유방이 진귀한 보물과 엄청난 궁실(宮室)[67], 휘장(揮帳), 개, 말, 귀한 보물, 여자를 보고는 그곳에 머물고 싶어 했다. 이때 장량이 "무릇 진나라가 무도했기 때문에 패공께서 여기까지 온 것입니다. 대저 천하를 위해 남은 도적들을 없애려면 검소한 것이 밑천입니다. 지금 진나라에 들어오자마자 쾌락에 몸을 맡긴다면 이런 것을 '걸을 도와 포악한 짓을 저지른다.'고 합니다."라며 지금은 때가 아님을 간언하였고 이에 항우에게 함양을 내어주고 유방은 파촉(巴蜀)[68]으로 들어가 한왕(漢王)이 되고 병력을 재정비하여 통일의 기틀을 만들게 된다.

한 고조 유방은 한나라 건국 후 공신들을 봉하는 자리에서 장량에게 "알아서 제나라 3만 호를 고르라!" 했다.

장량에게 제시한 3만 호는 파격적인 제시였다. 당시 소하에게 6천 호를 하사하였다고 하니 최고의 공신보다도 5배나 많은 보상을 주겠다고 한 것이다. 하지만 이에 장량은 "처음 신이 하비(下邳)에서 일어나 주상과 유(留)에서 만났는데, 이는 하늘이 신을 폐하게 주신 것입니다. 폐하께서 신의 계책을 쓰셨고, 다행히 시기가 맞았습니다. 신은 유후(留侯)에 봉해지는 것으로 만족합니다. 3만 호는 감당할 수 없습니다."라며 정중하게 거절하였다.

위와 같이 장량의 공적(功績)을 높이 평가하자 부하들 사이에서 전쟁에 직접 출진(出陣)하여 공을 세우지 않은 장량의 공적을 지나치게 높게 평가한다는 여론이 일자 한 고조 유방은 다음과 같이 말하여 장량을 향한 두터운 신임(信任)을 확인시켜준다.

"대저 군막 안에서 계책을 운용하여 천 리 밖 승부를 결정짓기로는 나는 자방만 못하다."

장량의 역량이야말로 천리안(千里眼)*이란 수식어가 잘 어울린다 하겠다.

이 대목에서 필자는 사마천이 따로 주석을 달지 않았지만 한 고조는 이미 장량의 인품(人品)을 평소 잘 알고 있었기에 이를 거절할 것이라 예상하고 통 크게 부른 것이 아닌가 하는 합리적 의심이 들었다. 그것은 아마도 평민 출신인 유방이 황제(皇帝)가 되고 보니 개국공신(開國功臣)**은 너무나 많았고 공신들은 유방은 군주이기 전에 함께 전쟁터에서 동고동락(同苦同樂)한 친

---

* 먼 데서 일어난 일을 직감적으로 감지하는 능력.
** 새로 나라를 세울 때에 공훈이 많은 신하.

구 또는 전우(戰友)와 같다고 생각하였을 것이다. 이에 그들에게 소홀할 경우 언제든 반기(叛起)*를 들 수 있었고, 그렇다고 그들에게 모두 나눠준다면 국가재정(國家在廷)을 지탱할 수 없을 수준에 이를 수 있는데 이에 장량을 통해 자신이 결코 공신들의 은덕(恩德)을 잊지 않고 있음을 알리면서 실속을 챙긴 한 고조다운 처세술(處世術)**이 아닌가 하는 생각을 하였다. 또한, 이러한 전략이 성공할 수 있었던 이면(裡面)에는 장량의 인품이 큰 역할을 한 것이니 한편으로는 개국 공신들이 토사구팽당하는 한나라 초기 혼란함 속에서도 대를 이어 제후를 유지한 장량의 처세술이 놀라울 따름이다.

장량은 초지일관(初志一貫)[69] 자신을 낮추고 자신의 공적을 드러내지 않고 언제든지 자리에서 물러날 수 있음을 밝히며 말년(末年)을 보낸다.

그는 항상 "집안은 대대로 한나라의 재상(宰相)을 지냈다. 한나라가 멸망하자 만금을 아끼지 않고 한나라를 위해 원수인 강력한 진나라에 복수하려 하여 천하를 울렸다. 지금 세 치의 혀로 제왕의 군사가 되어 만호에 봉해지고 지위는 제후 반열(班列)

---

* 배반하여 일어남.
** 처세하는 방법과 수단.

에 올랐으니 이는 평민(平民)으로는 끝까지 간 것이다. 나 장량은 만족스럽다. 인간 세상사를 버리고 적송자(赤松子)[70]를 따라 노닐고 싶을 뿐이다."라는 말을 하며 자신이 욕심이 없음을 드러냈다.

이는 장량의 사람 보는 안목*(眼目)이 남달라 모시면서 가장 가까이서 본 한 고조를 너무나 잘 알았기에 이러한 행동을 한 처세술일 수도 있고 타고난 천성(天性)의 발현(發現)**일 수도 있다. 특히 장량은 인물 성향을 파악하는 능력이 발군(拔群)***이었는데 한 예로 한신이 제나라를 격파하고 스스로 한 고조 유방에게 제나라 가왕(假王)[71]으로 봉해달라고 하였고 이에 유방은 "아직 전쟁이 한창인데 어찌 공을 따지며 포상을 원하는가?"라며 분노하였으나 장량이 "전세(戰勢)가 지금 불리하오니 어찌 한신이 왕이 되는 것을 막을 수 있습니까? 차라리 왕으로 세우고 잘 대우해 스스로 제를 지키게 하는 것이 낫습니다. 그렇게 하지 않으면 변이 일어날 것입니다."라고 말했다. 유방 역시 이를 깨닫고, 이어 다시 꾸짖으며 "대장부(大丈夫)가 제후를 평정하면 곧 진왕(眞王)이 될 뿐이지 어찌 가왕이 된다는 말이냐?"라고 하고는

---

* 사물을 보고 분별하는 견식. 면안.
** 숨겨져 있던 것이 드러남. 또는 그리되게 함.
*** (주로 '발군의'의 꼴로 쓰여) 여럿 가운데에서 특별히 뛰어남.

장량을 보내 한신을 세워 제왕(齊王)으로 삼았고 이에 한신이 반역하고자 하는 심리를 막을 수 있었다.

이렇듯 장량은 신과 같은 전략과 인간의 심리를 꿰뚫어 보는 처세술로 가문(家門)을 지키고 공신들이 토사구팽당하는 상황 속에서도 천수(天壽)를 누렸고 후대 존경을 한 몸에 받는 재상의 표본(標本)이 되었다.

장량과 한신이
우리에게 주는 교훈

장량과 한신 중 통일에 누구의 공이 더 큰가를 살펴본다면 감히(敢一) 발언컨대 한신의 공이 더 크다고 생각한다. 잘 훈련된 정예병(精銳兵)이 없다면 어떤 전략(戰略)인들 먹히겠는가?

한신은 당연히 공을 인정받아 한나라가 천하를 통일하고 초나라의 왕으로 책봉된다. 이에 분명 세가로 기록되어야 하지만 욕심이 화를 불러 회음후로 강등되고 열전에 기록되고 만다. 그리고 사마천은 한신을 가르쳐 "도리를 배우고 겸손하게 양보하며 자기의 공로를 자랑하지 않고, 자기의 능력을 뽐내지 않았다면, 한(漢)에 대한 공훈은 거의 주공(周公)·소공(召公)·태공(太公)의 무리에 견줄 수 있고, 후세에 나라의 제사를 받았을 것이다."라고 하며 한신이 왜 세가에 기록되지 않았는지 설명하였다.

그리고 한신은 죽는 처지에서도 말조심하지 못해 멸족지화(滅族之禍)[72] 당하고 만다.

이에 반해 장량은 대를 이어 제후로 지위를 유지하고 후대에 최고의 존경을 받으며 심지어 제갈공명(諸葛孔明)조차 자신이 장량과 비견된다고 스스로 높인 것과 같이 재상의 표본(標本)으로 평가받는다.

결국, 절제(節制)와 겸손(謙遜)이라는 가치가 두 인물의 역사적 평가를 바꿔버린 것이다.

투자자들도 마찬가지다.

투자자가 만족하고 멈추는 법을 모른다면 제아무리 뛰어난 투자자도 결국 파멸(破滅)을 맞이하게 된다. 필자 역시 투자를 하면서 만족하고 물러서지 못하고 더 큰 성과를 내고자 무리수를 두었고 종국에는 손실로 귀결된 상황이 많았다.

사계절(四季節)이 있듯이 투자에도 주기(週期)가 있고 결국 투자를 시작할 시점이 있다면 멈춰서야 할 시점이 있다. 인생을 살펴볼 때 대기만성(大器晚成)*이라는 말이 있듯이 말년에 큰 성과를 거두는 상황도 있겠지만, 늙어 궁색(窮塞)**한 삶이란 그야

---

* 크게 될 사람은 늦게 이루어진다는 말.
** 아주 가난함.

말로 비참(悲慘)한 말로(末路)이다. 그래서 우리가 실패하면 재기(再起)할 수 있는 역량(力量)과 기회(機會)는 우리에게 주어진 시간에 비례(比例)하여 줄어들 수밖에 없다. 그래서 투자는 가능한 빨리 시작하면 좋고 은퇴와 함께 비중을 줄여나가는 것이 가장 이상적인 투자 주기이다.

투자실패와 관련하여 나에게 귀감(龜鑑)이 되는 인물이 있으니 이는 제시 리버모어이다.

제시 리버모어는 20세기 초 월스트리트를 주름잡은 당대 최고의 투자자로, 대규모 공매도 공세로 큰돈을 벌었다고 해서 월스트리트의 큰곰(big bear)[73]으로 불렸다. 1907년 패닉과 제1차 세계대전, 1920년대의 역사적인 초 강세장과 1929년의 주가 대폭락사태, 1930년대의 대공황(Great Depression)을 거치는 동안 숱한 성공신화를 만들어냈고, 여러 차례 파산(破産)하는 시련도 겪었다.

1877년 메사추세츠 주 사우스 액톤에서 빈농의 아들로 태어난 리버모어는 초등학교를 졸업하자마자 어머니가 마련해준 5달러를 들고 보스턴으로 가 14세 때부터 증권회사의 시세판 사환으로 일했다. 이때부터 주식투자에 눈을 떠 15세 무렵 처음으로 1,000달러를 벌었고, 그 뒤 투자에 전념해 1907년 패닉 때는 300만 달러, 1929년 주가 대폭락 때는 1억 달러라는 천문학적인 수익을 올렸다. 그러나 그는 과도한 레버리지 투자[74]와 사치스러운 생활로 인해 공식적으로만 네 번 파산했다. 세 번은 오뚜이처럼 재기해 앞서 파산선고에 따라 갚지 않아도 됐던 빚을 원금과 이자까지 전부 갚았다. 하지만 1934년 3월 7일 네 번째이자 마지막으로 파산한 뒤로는 다시 일어서지 못했는데 이때 리버모어의 자산은 18만 4,900달러, 부채는 225만 9,212달러였다고 한다. 리버모어는 1939년 투기 인생의 마지막 작업으로 〈주식투자의 기술〉을 쓰기 시작해 이듬해 3월 출간했으나, 대공황의 여파로 당시 주식시장이 워낙 가라앉았던 데다 제2차 세계대전까지 반발해 책 판매는 그의 기대에 못 미쳤다. 세 번의 실패한 결혼과 과도한 음주, 여기에 말년에는 우울증까지 겹쳐 결국 1940년 11월 28일 뉴욕의 한 호텔에서 권총 자살로 생을 마감했다. 그가 세 번째 부인에게 남긴 유서에는 "나는 실패자다. 진심으로 미안하다."는 내용이 적혀 있었다,

흡사(恰似) 빈농(貧農)의 아들로 태어나 최고의 성공을 거두고 비참한 최후를 맞이한 생애와 자부심이 강하고 과시욕도 남달랐다는 성격으로 보아 한신이 마치 2000여 년이 흘러 다시 미국에 환생(幻生)한 것이 아닌가 하는 착각(錯覺)이 들 정도로 둘

은 닮아있다. 이런 윤회(輪廻)*의 굴레에서 인간이 벗어나지 못한다는 사실을 동서고금(東西古今)의 인물과 역사를 통해 증명되니 어찌 인문학과 역사를 공부하는 가치가 없다 하겠으며 나 역시 이렇게 되지 않으니 라는 장담을 할 수 있겠는가?

투자의 성패는 결국 최후에 결정 나는 것이다. 우리 모두 젊어 열심히 일하고 돈을 절약해서 축적하고 투자하는 이유는 행복한 말년을 보내고자 하는 것이다. 오늘 당장 행복이 중요하다면 저축도 투자도 하지 말고 그저 소비하고 또 소비하면 된다. 최근에 젊은 세대들 사이에는 '욜로(YOLO)족'이라는 신조어가 유행이라고 한다.

아마도 아무리 노력해도 부자가 되지 못하니 당장이라도 행복하게 즐기자는 정체(停滯)된 사회에 대한 젊은이들의 불만의 외침이자 한 번이라도 투자에 실패해본 사람들이 힘들게 번 돈 또 투자로 탕진(蕩盡)할 바에 소비하겠다는 심리가 반영된 신조어가 아닐까 생각한다.

---

* 윤회(輪廻)
　① 차례로 돌아감
　② [불] 중생이 해탈을 얻을 때까지 그의 영혼이 육체와 함께 업(業)에 의하여 다른 생을 받아, 끊임없이 생사를 반복함. 유전(流轉). 전생(轉生). 윤회생사. 윤회전생.

하지만 욜로족의 말로(末路)는 너무나도 자명(自鳴)하다. 스스로 베짱이[75]가 되고자 하는 것과 다르지 않다. 투자에는 실패의 위험이 늘 도사리고 있다. 누구나 성공할 수 없는 제로섬 게임[76]이기도 하다. 하지만 역설적으로 그렇기에 투자는 빨리 시작하면 할수록 좋으며 인문학도 빨리 접하면 접할수록 좋다는 것이다.

투자를 일찍 알고 인문학을 갈고 닦아 접목(接木)한다면 망망대해 항로(航路)에서 나침반(羅針盤)을 갖추는 것과 같은 것이니 전쟁에서 천군만마(千軍萬馬)[77])를 얻은 것과 다를 바 없다.

인문학이 투자에 있어 성공을 보장하지 않는다. 하지만 투자에서 실패를 줄여주고 심리적으로 흔들리고 조급하고 불안한 마음을 가라앉혀준다는 사실 역시 분명(分明)하다.

그리고 투자할 때와 멈춰야 할 때를 알게 되니 종국적으로 성공적인 투자자가 된다는 것이다.

만약 장량이 만족하지 않고 한 치(一 値)라도 황제가 되고 싶다는 의중을 보였다면 장량은 어떤 말로를 마주하였을까?

사람마다 만족할 수 있는 돈의 크기는 다를 수 있다. 사람마다 그릇이 다르다 하지 않는가? 하지만 우리가 워런 버핏이나 조지 소로스 같은 세기(世紀)의 투자자를 통해 배워야 할 것은 그들이 투자세계에서 성공할 수 있었던 그들만의 기법(技法)을 배우고자 하는 것이지 우리가 그들이 쌓아 올린 몇 십조 단위의 자산만큼 벌기 위함이 아니다. 설령 조 단위 돈을 운 좋게 투자를 통해 벌었다고 하더라도 그 돈 중 몇 %나 우리가 사용하고 죽을 수 있을까?

그러니 투자자는 욕심을 버리고 과정에 집중할 뿐 결과에 연연하지 말아야 한다.

워런 버핏은 ROE[78]가 15%가 넘으면 훌륭한 기업이라고 했다. 자기 자본으로 연 15%만 벌어도 그것이 복리(複利)*로 불어나기 시작하면 30년이 지나면 초기투자금 대비 엄청난 수익을 보장한다는 것이다. 지금 KOSPI에 상장된 개별종목의 하루 최대 등락 폭은 상·하한 30%다. 극단적으로 하루 최대 75%까지 투자금을 벌 수도 잃을 수도 있다. 우리는 그래서 하루하루 등락 폭에 감정이 좌우된다. 하지만 연 15%에 만족한 워런 버핏은 성공했지만 매일 매일 30%에 연연한 사람 중 성공했다는 사람은 아직 듣지 못했다.

탐욕과 욕심을 버리기 어렵다면 투자세계에서 잠시 눈을 돌려 인문학을 접해보길 권한다. 인문학은 인류가 오랜 기간 축적한 지혜의 산물이며 인류의 보물이다. 나는 실제로 투자에서 실패를 경험하고 인문학을 접한 이후 투자하면서 느끼는 모든

---

* 이자에 대해 또다시 이자를 붙이는 셈.

고통스러운 감정들 예를 들면 분노(忿怒), 좌절(挫折), 공포(恐怖)로부터 자유로워지는 기이한 경험을 하였다. 이는 이러한 감정을 느끼지 못하였다기보다 이러한 감정 앞에서 무덤덤해졌다는 표현이 맞다. 그리고 투자를 보는 관점이 결과 중심에서 과정이 옳다면 반드시 결과는 뒤따른다는 과정 중심 투자가 장착되고 비로써 진정한 장기투자에 임할 수 있었다.

우리의 역사 삼국사기와
김부식에 대한 변론

    신채호 선생은 조선상고사에서 우리 민족 제1의 역사적 사건으로 묘청의 서경천도운동을 뽑았다. 묘청의 서경 천도 운동이 실패함을 탄식하며 묘청을 고구려를 계승하는 진보적이고 주체적 개혁가로 김부식을 과거 통일신라의 사관에 사상이 경직되어 우리 민족이 고구려의 옛 땅을 되찾을 수 있음에도 이를 훼방한 사대주의적 보수주의자로 평가하였다.

    하지만 이러한 평가와 사대주의 사관으로 만들었다는 삼국사기 이는 진실인가? 그렇다면 신채호 선생의 말씀대로 묘청은 정말 진취적 진보주의자였는가?

    먼저 역사적으로 묘청의 서경천도운동의 배경에 대하여 살펴보자.

    서경은 지금의 평양을 의미하고 평양은 옛 고구려의 수도로 익히 알려져 있다. 묘청은 고려 인종 13년(1135) 도읍을 개경(개성)에서 서경(평양)으로 옮기자고 주장하였으나 이가 받아들여지지 않자 서경에서 묘청을 난을 일으킨다.

묘청(?~1135)은 승려로 알려졌지만, 실제로 그는 도참설을 제창(提唱)하며 풍수지리와 도교에 심취한 도가 사상가에 가까웠으며 실제로 그는 신기한 현상을 조작하여 서경으로 천도하고자 하지만 거짓이 드러나 결국 도주하여 난을 일으키기에 이른다.

참고로 도참사상은 미래를 예언하는 사상으로 사기(史記) 〈노자전(老子傳)〉에 "진나라가 처음에 주나라와 합치고, 합쳤다가 떨어졌는데, 500년 후에 다시 합치게 되고 그때부터 17년이 경과 하면 패왕(霸王)이 나올 것입니다."라고 진시황의 탄생을 예언 한데서 나온 것으로 이것이 가장 오래된 기록이다.

우리나라의 도참사상으로 가장 유명한 일화는 통일신라 말, 고려 초기의 고승이었던 도선 대사가 태조 왕건의 탄생을 미리 예언한 일로 이를 '도선비기'란 책으로 남겼다. 또한, '송악명당기'를 통해 송악(개성의 옛 이름)이 최고의 명당임을 알려 왕건이 개경을 수도로 정하는 데 결정적 역할을 한다.

이같이 후삼국 시대 불교는 도교와 융합을 시도하고 이러한 영향이 묘청에게까지 미친 것으로 추측된다.

김부식(1075~1151)은 고려 중기 최고의 유학자·역사가·정치가였다. 김부식은 경주김씨 집안으로 그의 집안은 경주에서 벼슬하는 집안으로 김부식이 중앙에 진출한 것은 그의 나이 스물두 살 때, 곧 1096년(숙종 1년)이었다. 이때부터 20년간 주로 학문에 전념한다.

김부식이 42살 되던 1116년(예종 11년) 김부식 인생의 전환점을 맞이하게 되니 그것이 바로 송나라에 사신으로 간 사실이다. 여섯 달 동안 송나라에 머물며 휘종[79]의 융숭한 대접을 받았고, 휘종으로부터 사마광(司馬光)의 〈자치통감(資治通鑑)〉 한 질을 선물로 받았다.

하지만, 이보다 더 큰 수확은 따로 있었다. 바로 국제정세를 바르게 살펴볼 계기가 된 것이다.

당시 국제정세는 만주에서 여진족이 금(金)나라 (1115~1234)를 건국하여 한참 세력을 넓히던 시기로 신생 국가였음에도 불구하고 막강한 국력을 자랑하며 송나라를 위협하게 된다.

결국, 10년 후인 1126~1127년 북송은 멸망하고 송나라 왕족 모두가 금나라로 끌려가 비참한 최후를 맞이하는 정강의 변(靖康一變)이 발생한다.

김부식은 그 어떤 나라보다 문화적으로 융성한 송나라가 남·북으로 갈라지고 단지 건국 10년 만에 북송(北宋)과 요(遼)나라를 멸하고 고려를 호시탐탐 노리고 있던 금나라의 위세가 두려웠을 것이다.

이렇듯 금나라가 최전성기를 맞이한 시기에 묘청이 나타나 금나라에 대한 사대를 거부하고 서경으로 수도를 천도하고 금나라가 있는 만주를 공략하자는 묘청의 주장은 허무맹랑(虛無孟浪)한 주장으로 보였을 것이다.

북송을 멸하고 남송과 전쟁 중인 금나라 입장에서 고려는 입안의 가시 같은 존재였을 텐데 안 그래도 1131년(인종 9년) 금나라에 복종한 고려가 몇 년 지나지 않아 반기를 든다면 힘이 약한 고려를 먼저 정복하자는 주장이 고개를 들 것이며 전쟁의 승패 유·무를 떠나 국토는 전쟁에 휩싸이게 되고 최악의 경우 고려도 정강의 변과 같은 치욕적인 역사를 쓸 수 있는 상황에서 묘청의 주장을 곧이곧대로 받아들이기 어려웠을 것이다.

여기서 분명 밝히고자 하는 것은 우리 역사에서는 이미 유사한 사례가 존재한다. 바로 조선 시대 병자호란에서 패배한 인조가 당한 삼전도의 굴욕이다. 국제정세를 바로 읽지 못한 조선 제16대 왕 인조는 청나라를 자극하여 나라는 전쟁에 휩싸이게 만들고 무고한 민중들이 청나라에 불모로 붙잡혀 간 아픈 역사가 있다.

하지만 묘청은 단지 도참설에 의거 근거 없는 자만심에 빠져 고려가 금나라를 쉽게 정복할 수 있다고 왕을 현혹하여 수도를 천도하자고 하니 이를 가만히 두고 볼 수만은 없었을 것이다.

이런 역사적 사실을 바탕으로 살펴본다면 묘청의 서경천도운동은 아무리 그 취지가 훌륭하다고 하더라도 당시 국제정세나 고려와 금나라의 국력 등을 살펴볼 때 무모한 도박이었다고 판단할 충분한 근거가 있다. 이를 단순한 논리로 김부식이 우리 민족의 진로를 가로막았다고 평가하기에는 무리가 있다는 것이다.

물론 사대주의가 좋다는 것은 아니다. 하지만 오로지 힘의 논리로 통치이던 시절 사대는 최선의 외교수단이었던 사실을 우리는 인정하여야 한다. 결국, 외교는 정확한 정세판단이 가장 중요하다. 우리 역사에서 그때뿐 아니라도 충분히 만주와 동북지역까지 영토를 확장할 기회는 수없이 많았다. 개인적으로 가장 아쉬운 역사적 장면은 바로 위화도회군이다. 만약 태조 이성계가 위화도회군 하지 않고 계속 군세를 몰아 만주와 중국 내륙으로 진격했다면 당시 중국은 원·명 교체기의 혼란한 시기였기에 우리에게 충분히 승산이 있었으리라 생각된다. 게다가 고려에는 왜구와 홍건적을 격파한 정예병사와 최영 이성계라는 명장이 있었다.

그리고 금나라와 고려는 형제의 국가로 국교를 맺은 초창기에는 동등한 입장으로 전쟁할 명분도 없었다. 이런 사실로 볼 때 묘청의 서경천도운동을 너무 높이 추켜세운 신채호 선생의 마음이야 이해하지만 그렇다고 그것을 우리 민족 1천 년 역사에서 제1 사건으로 꼽기에는 무리가 있다는 것이다.

오히려 자주의 길을 버리고 스스로 명에게 사대를 청한 유학자들과 태조 이성계의 위화도회군을 제1 사건으로 봐야 하지 않을까?

이제 삼국사기 이야기를 해보려 한다.

삼국사기를 소개하는 이유는 중국의 사마천이 사기를 지은 것과 같이 김부식이 삼국사기를 지었기에 오늘날 우리의 고대부터 삼국시대 역사가 보존됨을 감사하게 여겨야 함을 말씀드리고 싶다. 실제로 과거에 실크로드에는 많은 도시국가가 있었으며 이들이 융성했음에도 역사를 기록하지 못하였거나 기록된 역사가 지워져 흔적도 없이 사라진 왕조가 많다. 비록 단군신화를 배격하여 우리의 역사를 단축한 부분도 있지만, 일연스님이 삼국유사를 쓰며 단군신화 역사를 남겼으니 고려 시대 삼국사기와 삼국유사는 우리 민족의 보배임이 틀림없다.

삼국사기에 필자가 주목한 이유는 우리가 한국사에서 배우는 것처럼 김부식은 절대 사대주의자가 아님을 밝히고 싶기 때문이다.

이전에 사마천의 사기를 소개하면서 기전체는 〈본기〉, 〈세가〉, 〈열전〉, 〈서〉, 〈표〉로 구분되어 있으며 〈본기〉와 〈세가〉의 차이를 설명하였다. 그리고 안타깝게도 황제라 칭하고 별도 연호까지 가졌던 우리의 고려 시대 황제에 대하여 조선의 유학자들은 고려사를 집필하면서 고려 시대 황제를 모두 사대주의적 사관으로 중국의 제후국이라 판단하고 〈세가〉로 기록하였다.

참고로 고려사는 총 139권 75책. 전체 구성은 세가(世家) 46권, 열전(列傳) 50권, 지(志) 39권, 연표(年表) 2권, 목록(目錄) 2권으로 되어있다.

하지만 삼국사기는 이와 달리 본기 28권(고구려 10권, 백제 6권, 신라·통일신라 12권), 지(志) 9권, 표 3권, 열전 10권으로 이루어져 있다. 즉, 삼국시대 국왕의 역사를 〈본기〉로 기록함으로 삼국시대 모든 왕을 황제로 대우하였으며 이는 민족의 자주성이라는 명분에서 볼 때 큰 의미를 가진다. 또한, 삼국시대로만 한정한다면 고구려의 역사가 가장 큰 분량을 차지한다. 김부식이 절대 신라 중심 사관(史觀)*에 입각(立脚)하여 삼국사기를 집필하지 않았다는 증거이다. 물론 연개소문[80]을 지나치게 폄하(貶下)하였다는 주장도 있지만, 김부식은 유학자로서 국왕(영류왕)[81]을 죽이고 결국 그의 아들들의 내분(內紛)으로 고구려가 멸망했기에 좋은 평가를 내리기는 어려웠을 것이다.

만약 김부식이 삼국사기에 사대주의 사관을 바탕으로 우리

---

* 역사적 현상을 파악하여 이것을 해석하는 입장. 역사관.

고대사를 제후국의 역사로 인식하여 〈세가〉로 기록했다면 우리 민족의 역사는 중국의 제후국 역사로 남게 된다.

이유는 다음과 같다. 조선은 이미 명나라에 대한 사대의 국가로 시작하여 조선 말기 고종 때야 대한제국(1897~1910년)을 선포하고 광무(光武)라는 별도 연호를 사용하였으며 조선의 유학자들은 고려의 역사를 오로지 제후국의 역사로 인식하고 고려 왕조의 역사인 고려사를 집필하며 고려 황제의 역사를 〈세가〉로 남겼다. 이에 기록으로 남겨진 역사로만 보면 우리 민족은 중세부터 근세까지 천년의 역사는 중국의 제후국으로 남게 되었다. 이는 역사적 산물이니 이를 두고 반론을 제기하더라도 변할 것은 없다. 하지만 김부식이 삼국사기로 우리의 고대사를 황제국가로 자주적 국가로 지칭(指稱)*하였으니 이는 우리 민족에게 장기적으로 큰 역사적 산물이 될 것이다. (이에 대하여서는 더 언급하지 않겠다. 이것과 관련된 역사는 현재진행형이기 때문이다. 이에 대한 생각은 독자들에게 맡기기로 하겠다.)

이렇듯 김부식은 절대 사대주의자도 아니고 우리가 삼국사기를 폄하(貶下)해서도 안 된다.

삼국사기는 김부식이 우리 민족에 선물한 최고의 역사적 보물이자 보배이다.

---

* 어떤 대상을 가리켜 부름. 또는 그 이름.

작가의 마지막 말

———

조선 말기 유학자(儒學者)이자 독립운동가인 박은식 선생은 아픈 역사도 우리의 역사이고 역사가 사라진다면 민족이 사라진다는 일념(一念)하에 한국 최근세 정치사 책인 〈한국통사(韓國痛史)〉를 집필하였다. 이 책에서는 우리 조선 후기 고종과 대원군의 집권(執權) 시기부터 국권(國權) 상실(喪失) 시기까지 과정을 생생하게 담음으로 우리 민족이 다시는 이러한 역사를 반복하지 않기를 바라는 마음이었을 것입니다.

누구나 자신의 치부(恥部)를 드러내는 것을 꺼립니다. 필자역시 차마 용기가 없고 부끄러워 투자일지를 일체 공개하지 못하는 점에 대하여 독자분에게 심심한 사과의 말씀을 드립니다. 언젠가 부디 저의 신념(信念)과 철학(哲學)이 틀리지 않았음을 증명하는 좋은 성과를 여러분들에게 알리는 자리가 오기를 저도 간절히 소망합니다.

그리고 앞으로도 인문학 공부를 등한시(等閑視)하지 않고 부단히(不斷—) 노력하여 이번에 출판된 책보다 훨씬 더 양질(良質)이 우수한 책을 출판할 수 있도록 최선을 다하겠습니다.

처음 출판하다 보니 과정이 결코 순탄치 않았음을 인정합니다. 책의 내용에 다소 사실과 부합하지 못하는 부분이나 내용이 다소 부실하더라도 관용의 마음으로 너그러이 이해해 주시길 바랍니다. 그리고 잘못된 부분을 바로잡아 주신다면 언제든지 바로 고쳐 사용하겠습니다.

사실 여기 소개된 인문학 지식은 투자자 여러분에게 저의 메시지를 전달하고자 하는 도구일 뿐 의미전달이 제대로 되었다면 학문적 견해는 전문가의 영역일 뿐 저와 같이 투자자의 영역은 아니라고 생각합니다. 하지만 인문학을 연구하고 공부하는 사람으로서 최대한 자료를 고증하고 신중하게 사용하였다는 점을 밝혀드립니다.

그리고 저의 의견(意見)과 다소 다른 이견(異見)을 가지신 분들이 책을 읽는데, 다소나마 불편하였더라도 지식의 확장, 나와 다른 의견에 대한 논쟁 이란 관점에서 봐주시면 감사하겠습니다.

독자분들 하시는 모든 일에 행운이 깃들길 기원합니다. 감사합니다.

참고도서

- THE SNOW BALL, 엘리스 슈뢰더 저/이경식 옮김, 알에이치코리아㈜, 2009.8.20.
- 워런 버핏 평전, 앤드류 킬패트릭 저/안진환 김기준 옮김, 월북, 2008.6.20.
- 워런 버핏의 실전 주식투자, 메리 버핏 · 데이비드 클라크 저/최준철 옮김, 이콘출판, 2005.4.25.
- 제시 리버모어의 회상, 에르윈 르페르브 저/박정태 옮김, 굿모닝북스, 2010.7.16.
- 이건희 21세기 신경영노트, 이채윤 저, 행복한마음, 2006.4.10.
- 피터 린치의 이기는 투자, 피터 린치 · 존 로스차일드 저/권성희 옮김, 흐름출판, 2008.5.13.
- 위대한 기업에 투자하라, 필립 피셔 저/박정태 옮김, 굿모닝북스, 2005.6.10.
- 벤저민 그레이엄의 현명한 투자자, 벤저민 그레이엄 저/강남규 옮김, 국일증권경제연구소, 2002.7.15.
- 장자, 김원일 옮김, 북마당, 2010.10.1.
- 중용 인간의 맛, 자사 저/김용욱 역, 통나무, 2011.9.20.
- 오리지널스, 애덤 그랜트 저/홍지수 옮김, 한국경제신문, 2016.2.2.
- 칼의 노래, 김훈 저, 문학동네, 2014.11.11.
- 사기, 사마천 저
- 삼국지연의, 나관중 저
- 난중일기, 이순신 저
- 삼국사기, 김부식 저
- 삼국유사, 일연 저

주석

투자와 인문학에 동시에 접근하다 보니 독자들의 이해를 돕고자 마련하였습니다.

서문

1. 인간으로서 해야 할 일을 다하고 나서 하늘의 명을 기다린다는 뜻의 한자성어.
2. 경제 불황 속에서 물가상승이 동시에 발생하고 있는 상태.

   주요 원인으로 경기정체기에 군사비나 실업수당 등 주로 소비적인 재정지출이 확대되는 일, 노동조합의 압력으로 명목임금이 급상승을 계속하는 일, 기업의 관리비가 상승하여 임금상승이 가격상승에 비교적 쉽게 전가되는 일 등을 들 수가 있다.

배경 길라잡이

3. 위험회피형 투자가들이 위험을 부담할 경우 이러한 위험부담에 대해 요구하는 일정한 대가를 위험프리미엄이라고 한다.
4. 가격이나 수익률이 상승과 하락을 반복하다가 결국에는 평균에 가까워지는 경향.

1장

5. 이 책은 2005년 4월 23일 1판 1쇄이다.

6. 김선호·조영삼·이형종 저.

7. PER(price earning ratio), 주가를 주당순이익으로 나눈 주가의 수익성 지표.

8. 스캘핑(단타)에 대비되는 용어로 2~3일 중기스윙예측에 근거하여 대략 1일 포함, 1일 이상의 포지션 매매를 뜻하다. 길게는 몇 달을 보유하기도 한다.

9. 최근 개인 투자자를 총칭함.

10. 투자자가 '알아서 투자해 달라'고 맡긴 자금을 운용하거나 투자자에게 투자 상담을 해주는 회사이다.

11. 로저스 홀딩스의 회장으로 한국 투자에 특히 관심을 보이는 이머징지역 투자의 전문가이다.

12. 원제 - Jesse Livermore reminiscences of a stock operator, 번역본 - 애드윈 르페브르 저.

13. 옷이나 액세서리 등의 색상을 비슷한 계열로 맞추어 코디하는 형태를 보고 '깔맞춤'이라 한다.

14. 본인의 경제력에 비해 무리하게 비싼 차를 샀다가 경제적으로 궁핍한 생활을 감내해야 하는 사람들.

15. '인생은 한 번뿐이다'를 뜻하는 You Only Live Once의 앞 글자를 딴 용어로 현재 자신의 행복을 가장 중시하여 소비하는 사람을 말한다.

16. 경제상황 악화로 금융시장에 위기감이 조성되면서 은행의 예금 지급 불능 상태를 우려한 고객들이 대규모로 예금을 인출하는 사태.

17. 1453년(단종 1년) 수양대군이 단종의 보좌 세력이자 원로대신인 황보인·김종서 등 수십 인을 살해, 제거하고 정권을 잡은 사건.

18. 조선 제10대의 왕(재위 1494~1506). 많은 신진 사류를 죽이는 무오사화를 일으키고 생모 윤씨의 폐비에 찬성했던 윤필상 등 수십 명을 살해하였다. 또한 경연을 없애고 사간원을 폐지하는 등 비정(秕政)이 극에 달하여 결국 중종반정에 의해 폐왕이 되었다.

19. 2019년과 2020년에 발생한 대한민국의 사모펀드 사기 사건이다.

2장

20. 오기는 전국시대 초기 위(衛)나라 사람으로 대략 기원전 440년에 태어나 기원전 381년에 세상을 떠났다.
21. 이름은 격(擊)이다. 전국 시대 위나라의 국군(國君). 문후(文侯)의 아들이다. 한(韓)나라, 조(趙)나라와 진(晉)나라 영토를 삼분했다. 16년 동안 재위했다.
22. 전한시대의 역사가이며 〈사기(史記)〉의 저자이다. 무제의 태사령이 되어 사기를 집필하였고 기원전 91년 〈사기〉를 완성하였다. 중국 최고의 역사가로 칭송된다.
23. 중국 춘추시대의 유학자. 공자의 도를 계승하였으며, 그의 가르침은 공자의 손자 자사를 거쳐 맹자에게 전해져 유교사상사에서 중요한 위치를 차지한다. 동양 5성의 한 사람이다.
24. 사람의 얼굴을 하고 있으나 마음은 짐승과 같다는 뜻으로, 마음이나 행동이 몹시 흉악함을 이르는 말.
25. 누구나 분노를 참을 수 없을 만큼 몹시 증오스러움.
26. 괴로움도 즐거움도 함께 함.
27. 병사의 종기를 직접 빨아 주는 어진 마음.
28. 모난 돌이 정 맞는다.
29. 어떤 돈의 일부를 떼어 일정 기간 동안 모아 묵혀 둔 것으로, 더 나은 투자나 구매를 위해 밑천이 되는 돈.
30. 미국의 경제학자 그레고리 맨큐가 저술한 경제학 개론서.
31. 중국 고대의 사상가이며 도가(道家)의 시조이다.
32. 중국 고대 도가(道家)의 시상가. 이름은 주(周). 송(宋)에서 태어나 맹자와 동시대에 노자를 계승한 것으로 알려져 있다.

33. 대구의 여름 기온을 아프리카에 비교한 신조어.

34. 민족주의 시인으로 식민 치하의 민족적 비애와 일제에 항거하는 저항의식을 기조로 하여 시를 썼다.

35. 대한민국의 싱어송라이터였다. 지금은 '가객'이나 '노래하는 철학자'로 불린다.

3장

36. 동아시아 인문주의의 원형이 된 고대 중국의 사상가.

37. 노(魯)나라 곡부(曲阜) 사람으로 자는 자연(子淵), 안연(顔淵), 안자(顔子) 혹은 '복성(複聖)', 아성(亞聖)'이라고 존칭하기도 한다. 춘추(春秋) 말기 공자(孔子)의 제자로 공자가 가장 총애했던 수제자였으나, 젊은 나이에 요절했다. 공문십철(孔門十哲) 중 한 사람이다.

38. 중국 춘추시대 위(衛)나라 유학자. 공문십철의 한 사람으로 재아(宰我)와 더불어 언어에 뛰어났다고 한다. 제(齊)나라가 노(魯)나라를 치려고 할 때, 공자의 허락을 받고 오(吳)나라와 월(越)나라를 설득하여 노나라를 구했다고 한다.

39. 한 가지를 들으면 둘을 미루어 앎.

40. 1920년대 미국의 큰 투자자로 알려져 있다.

41. 중국 삼국시대 촉나라 장수로 살아서는 '만인지적'이라 불리고 죽어서는 황제가 되어 '재물신'으로 추앙받는다.

42. 나관중 저 〈삼국지연의〉를 뜻한다.

43. 萬人之敵, 만 명의 사람을 대적할 만한 지략과 용맹이 있는 사람을 비유한 말이다.

44. 알파고(영어: AlphaGo)는 구글의 딥마인드가 개발한 인공지능 바둑 프로그램이다.

45. 피터 린치(Peter Lynch, 1944~)는 월스트리트 역사상 가장 성공한 펀드매니저이자 마젤란 펀드를 세계 최대의 뮤추얼펀드로 키워낸 '월가의 영웅'이다.

46. 촉나라의 재상으로 신기한 전략과 전술로 삼국시대를 열고 유비를 촉나라의 황제에 즉위시켰다.

47. 한국의 바둑기사로 최연소 우승, 최연소 세계 챔피언, 역대 최장기간 바둑 세계랭킹 1위 등 바둑 역사에 다양한 신기록을 세웠다.

48. 르네상스를 대표하는 마에스트로 미켈란젤로에게 "지구 위를 걸었던 사람 중에 가장 위대한 사람!"이라는 찬사를 들은 피렌체 출신의 정치가이자 시인.

49. 단테의 서사시로 [지옥], [연옥], [천국]이 각각 33개의 '곡'(曲, canto)으로 이루어졌고, 여기에 서곡을 합쳐 모두 100곡이다. 하나의 '곡'은 150행 내외로써 전체 1만 4,233행에 달한다. 오늘날은 〈신곡〉이란 제목으로 유명하지만, 원래 이 세 편을 가리키는 제목은 〈(단테 알리기에리의) 코메디아(comedia, 희극)〉였다.

50. 만유인력의 법칙으로 유명한 영국의 과학자로 그는 17세기 과학혁명(Scientific Revolution)이라는 거대한 역사적 사건을 대표하는 상징적인 인물이라고 평가된다.

51. 영국 정부가 남아메리카와 무역을 목적으로 세운 공기업인 남해회사가 무역이 순탄하지 않자 이를 만회하기 위해 금융업으로 전환하여 주식을 일반 공개하고, 금광 발견이라는 거짓 정보를 대중에 흘림으로 주가 버블을 만들었고 결국 이가 탄로 나서 주가가 폭락한 사건.

4장

52. 궁형은 고대 중국에서 실행하던 5가지 형벌 중의 하나이다. 중국 고전의 기록에 의하면, 사형(死刑)·궁형(宮刑)·월형(刖刑:발뒤꿈치를 자르는 형벌)·의형(劓刑: 코를 베는 형벌)·경형(黥刑:얼굴·팔뚝 등의 살을 따고 홈을 내어 죄명을 찍어 넣는 형벌)을 5형이라 하는데, 이 중에서 남녀의 생식기에 가하는 형벌로서, 남자는 생식기를 거세하고, 여자는 질을 폐쇄하여 자손의 생산을 전연 불가능하게 하였으므로, 사형에 버금가는 극형이었다.

53. 전란에 가족 모두가 굶어 죽고 승려가 되어 구걸하던 주원장은 명나라를 건국하고 황제가 된다.

54. 초한지에서 초는 항우의 영토였으나 유방이 통일 후 한신에게 병권을 뺏고 그를 초나라 왕으로 임명한다. 이는 한신이 초나라 출신임을 고려한 것으로 보인다.

55. 인터넷 관련 분야가 성장하면서 산업 국가의 주식 시장이 지분 가격의 급속한 상승을 본 1995년부터 2000년에 걸친 거품 경제 현상이다. 이 기간 나스닥지수는 1,000P에서 5,000P까지 상승한다.

56. 중국 전한 때 고조 유방의 재상. 한나라 유방과 초나라 항우의 싸움에서는 관중에 머물러 있으면서 고조를 위하여 양식과 군병의 보급을 확보했으므로, 고조가 즉위할 때에 논공행상에서 으뜸가는 공신이라 하여 찬후로 봉해지고 식읍 7,000호를 하사받았으며, 그 일족 수십 명도 각각 식읍을 받았다.

57. 그 나라에서 가장 뛰어난 인물(人物)은 둘도 없다는 뜻으로, 매우 뛰어난 인재(人材)를 이르는 말.

58. 역발산기개세(力拔山氣蓋世)라 불리던 초나라를 세운 영웅호걸로 유방의 라이벌이다.

59. 한나라 때 이름은 관중으로 후에 장안으로 불리다 현재는 시안으로 불리는 중국의 유서 깊은 도시이다.

60. 한 고조(漢高祖) 때 한신(韓信, 후의 제왕齊王)의 변사(辯士). 그가 한신에게 '장군이 한왕을 위하여 항우(項羽)를 공격할 것이 아니라, 중립을 지켜 천하를 삼분(三分)하시오.' 했으나, 한신이 듣지 않았다가 후에 죽음을 당하면서 괴통의 계책을 쓰지 않은 것을 후회하였다고 한다.

61. 사기(史記)의 월왕구천세가(越王句踐世家)에서 유래한 것으로 사냥하러 가서 토끼를 잡으면, 사냥하던 개는 쓸모가 없게 되어 삶아 먹는다는 의미다.

62. 주공은 희단, 소공은 소백, 태공은 여상을 칭하며 중국 주나라의 3대 개국 공신이다.

63. 여태후는 한신이 죽음을 앞두고 괴통의 말을 따르지 않고 반역지 않음을 후회하자 3족을 멸한다.

64. 한수이강(漢水) 상류 북안에 있으며 황허강(黃河) 유역과 양쯔강(揚子江) 유역을 연결하는 교통의 요충지이다.

65. 중국 청나라의 제4대 황제로 중국 역사상 가장 위대한 황제로 손꼽히며 가장 긴 기간(1661~1722) 동안 재위하였다. 그가 재위한 시기를 강희·건륭시대(康熙乾隆時代)라 하며 최고의 태평성대로 꼽는다.

66. 중국 진의 제3대이자 마지막 왕이다. 왕위에 오른 지 46일 만에 유방에게 투항했지만, 뒤이어 셴양에 입성한 항우에게 살해되었다.

67. 아방궁(阿房宮)으로 진시황제가 세운 궁전이다. 규모가 크고 화려하였다고 전해진다. 황우가 함양을 차지하고 이를 불태웠는데 3개월 동안 꺼지지 않았다고 전해진다.

68. 오늘날의 사천(四川)성.

69. 처음에 먹은 마음을 끝까지 밀고 나감.

70. 선농(禪農) 때 우사(雨師)로서, 뒤에 곤륜산(崑崙山)에 들어가서 선인(仙人)이 되었다고 한다.

71. 임시 왕이란 의미.

72. 한 가족이나 한 겨레가 망하여 없어지는 일을 당하는 재앙.

73. 참고로 미국에서는 상승을 황소(bull)에 하락을 곰(bear)으로 비유한다.

74. 빚을 내 투자하는 투자방식으로 'leverage'란 지렛대를 의미한다.

75. 이솝우화의 '개미와 베짱이'의 베짱이를 의미한다.

76. 한쪽의 이득과 다른 쪽의 손실을 더하면 제로(0)가 되는 게임을 일컫는 말이다.

77. 천 명의 군사와 만 마리의 군마라는 뜻으로, 썩 많은 군사와 말을 이르는 말.

78. Return On Equity. 투입한 자기자본이 얼마만큼의 이익을 냈는지를 나타내는 지표로 우리말로는 '자기자본이익률'이라고 한다.

79. 중국 북송의 제8대 황제(재위 1100~1125). 문화재를 수집·보호하고 궁정서화가를 양성하여, 문화사상 선화시대라는 한 시기를 현출하였다. 금나라와 동맹하여 요나라를 협공하고 연운십육주를 수복하려고 꾀하였으나, 오히려 금나라 군사의 진입을 초래해 국도 카이펑이 함락되고, 북송의 멸망을 가져왔다.

80. 연개소문(淵蓋蘇文, ?~665?)에 대한 역사적 평가는 극과 극을 달린다. 김부식은 〈삼국사기〉에서 임금을 죽인 역적이며, 고구려의 멸망을 초래한 장본인으로 기록한 반면, 신채호는 〈조선상고사〉에서 위대한 혁명가로, 박은식은 〈천개소문전〉에서 독립자주의 정신과 대외경쟁의 담략을 지닌 우리 역사상 일인자로 평가했다

81. 고구려 제27대 왕(?~642). 이름은 건무(建武)·성(成). 중국 당나라와 평화적인 관계를 맺어 수나라의 고구려 원정 때 잡혀간 포로를 찾아왔으며, 도교를 처음으로 받아들였다. 연개소문에게 시해당한다.